Eu, ____, me comprometo a aplicar os 10 passos descritos neste livro e assumo a responsabilidade sobre o sucesso de sua aplicação.

“Por meio de seu canal no YouTube e agora com este livro, Nathalia Arcuri desenvolve o importante trabalho de levar educação financeira para todos. E sempre com uma linguagem simples, direta e muito descontraída, que é sua marca registrada. Saber cuidar do dinheiro de forma responsável e transformá-lo em sonhos realizados e metas atingidas – eis um objetivo a ser perseguido por todas as pessoas e também pelo governo.”
Ana Paula Vescovi, Secretária Executiva do Ministério da Fazenda

“Nathalia tem três filhos: o Juro Composto (deste eu fiquei amigo na faculdade, mas não sabia quem era a mãe), o Me Poupe! (que conheci quando ela estava grávida – acho até que participei de alguns ultrassons!) e agora o caçula – este livro! Os dois primeiros são como a mãe; por onde passam, multiplicam a riqueza. Acabei de conhecer o mais novo. Já sorriu pra mim e logo reconheci: é um legítimo representante da família! Vai multiplicar riqueza com bom humor e bom humor com riqueza para todos com quem cruzar!”
Marcos Avó, sócio da Lunica Consultoria

“O trabalho de educação financeira desenvolvido pelo Me Poupe! é de suma importância para quem deseja empreender. Nathalia Arcuri consegue traduzir termos antiquados e chatos do ‘economês’ e deixá-los interessantes para diferentes públicos. Considero esse projeto uma referência, especialmente para os mais jovens, que ainda não possuem tanto conhecimento e experiência, mas que já sonham em iniciar o próprio negócio.”
Robinson Shiba, presidente do Grupo TrendFoods (China in Box e Gendai)

“O que acontece quando somamos educação financeira, capacidade de observação, psicologia econômica, coragem, jornalismo, agilidade, talento para comunicação de massa, irreverência, vontade de melhorar o país e uma irresistível atração por poupar? O resultado é Nathalia Arcuri e seu projeto Me Poupe!, que pretende desf#&@*r o Brasil! Neste livro, temos uma amostra de sua garra, sua habilidade e seu alcance admiráveis.”
Vera Rita de Mello Ferreira, consultora, professora e criadora do canal Pílulas de psicologia econômica

NATHALIA ARCURI

Em depoimento a Sibelle Pedral

ME POUPE!

10 PASSOS PARA NUNCA MAIS FALTAR DINHEIRO NO SEU BOLSO

SEXTANTE

edição: Alice Dias e Virginie Leite

revisão: Ana Grillo, Hermínia Totti e Luis Américo Costa

diagramação: Ana Paula Daudt Brandão

fotos de capa: Marcelo Spatafora

produção, cabelo e maquiagem: Fábia Mirassos

impressão e acabamento: Associação Religiosa Imprensa da Fé

CIP-BRASIL. CATALOGAÇÃO NA PUBLICAÇÃO
SINDICATO NACIONAL DOS EDITORES DE LIVROS, RJ

A718m Arcuri, Nathalia

Me poupe!/ Nathalia Arcuri. Rio de Janeiro: Sextante, 2019.
144 p.; 14 x 21 cm.

ISBN 978-85-431-0685-4

1. Finanças pessoais. 2. Educação financeira. 3. Sucesso nos negócios. I. Título.

18-54513 CDD: 332.024
CDU: 330.567.22

Rua Voluntários da Pátria, 45 – Gr. 1.404 – Botafogo
22270-000 – Rio de Janeiro – RJ
Tel.: (21) 2538-4100 – Fax: (21) 2286-9244
E-mail: atendimento@sextante.com.br
www.sextante.com.br

Aos meus pais, Neusa e Luiz, que me deram o melhor
presente que uma criança pode ter: a palavra **"NÃO"**.

Ao meu companheiro de jornada, Erico Borgo,
vindo de outra galáxia para me mostrar
que o Universo é muito maior do que eu imaginava.
Meu amor, obrigada por me fazer enxergar
que dependia apenas de mim.

Sumário

Prefácio

de Gustavo Cerbasi

Nathalia Arcuri construiu uma sólida reputação de defensora dos financeiramente explorados, com um elaborado projeto de entretenimento financeiro nas redes sociais, em especial no YouTube. Seu plano – hoje reconhecidamente bem-sucedido – era alertar uma multidão de desavisados sobre as oportunidades e armadilhas do sistema financeiro, em linguagem popular o suficiente para angariar multidões. Com seu canal Me Poupe!, criou um império de seguidores, fãs, defensores, admiradores e também *haters* (como tudo que faz sucesso no mundo digital), que fazem de seu canal o maior em seu segmento.

Eu me orgulho de ser o fã número 1 desta bem-sucedida empreendedora da educação financeira. OK, talvez não tão apaixonado quanto seu marido, não tão babão quanto sua família, não tão fiel aos vídeos quanto seus fãs mais calorosos. Mas, certamente, fui o primeiro a torcer pelo sucesso desse grandioso projeto.

Posso dizer isso porque conheço a Nath desde bem antes do nascimento do Me Poupe!. Conhecemo-nos quando ela ainda era repórter da Rede Record, sempre à caça de ideias, casos e fontes para suas matérias predominantemente ligadas a dinheiro e economia. Foi em uma das entrevistas que ela fez comigo que ouvi falar pela primeira vez do "canal" Me Poupe!, que ainda não recebia rótulos como "entretenimento financeiro", não tinha um roteiro fechado, nem estava definido se seria um programa de TV, no YouTube ou em alguma outra rede social.

Com pedido de sigilo, conversamos sobre ideias que eram vagas, sobre o grande desejo da Nath de aprender e ensinar e, principalmente, sobre sua vontade infinita de nortear "essa gente toda que tem sido explorada e que, com um pouquinho de orientação, pode melhorar muito de vida". Os caminhos não eram claros. Ela sabia o que queria, sabia que havia muito a fazer, mas ainda tinha muitas dúvidas de como começar. Questionado se ela poderia contar comigo, senti muita honestidade e propósito em suas ideias e me coloquei à disposição.

Ficamos alguns meses sem nos falar. Nesse período, Nath se desligou da televisão, começou a fazer seus vídeos (amadores, mas já com toques de qualidade de quem tinha uma boa experiência em TV), estreou seu canal e não parou de correr atrás de conhecimento e informação. Quando conheci o Me Poupe!, era um canal no YouTube com pouco mais de mil assinantes. Mas era feito com muito carinho e energia, como se fosse para 10 milhões. Era divertido e cativante, com a assinatura da Nath.

Sua linguagem própria e nem sempre discreta se tornou a marca do canal, que cresceu com muita força. Seus seguidores se referem a Sidinelsons e Juros Compostos como se falassem de personagens da novela das nove. Isso é resultado de uma comunicação bem elaborada e da consciência da existência de um público que estava precisando, há muito, de uma porta de entrada para o mundo do conhecimento financeiro e das oportunidades que uma economia como a brasileira oferece fartamente.

Lá no começo, nas primeiras entrevistas que concedi à Nath, o assunto era sempre alguma questão econômica ou financeira da pauta do dia, e o argumento para eu ser entrevistado era minha vasta publicação de livros. Naquele tempo, meu best-seller *Casais inteligentes enriquecem juntos* já tinha mais de 1 milhão de exemplares vendidos e eu somava mais de dez títulos publicados. Nath sempre demonstrou carinhosamente sua admiração pelo meu trabalho e me tratou como uma das principais fontes para discutir assuntos espinhosos.

Com o tempo, atendendo a uma demanda do meu público, também criei meu canal nas redes sociais e ampliei minha atuação on-line – e, curiosamente, passei a ter o Me Poupe! como uma das referências de comunicação do meu time. Com propostas diferentes, conquistamos públicos distintos no início, mas, ao longo do tempo, nossos públicos passaram a conversar cada vez mais entre si, o que resultou em algumas parcerias em vídeo que geraram um grande número de acessos e curtidas.

Hoje, ao ver o Me Poupe! dar origem a este primeiro livro, que tenho a honra de prefaciar, sinto-me orgulhoso de testemunhar este brilhante projeto da Nath Arcuri completar um ciclo, preenchendo essa lacuna que faltava no trabalho dela.

Os fãs do canal Me Poupe! não vão se decepcionar. Nath venceu o desafio de levar para o papel (ou para as telas "lidas") a linguagem que se tornou sua marca registrada, o que deve fidelizar multidões e reforçar o propósito transformador de seu trabalho.

O livro organiza bem as ideias e orientações que, quando aplicadas na vida de qualquer pessoa, levam a uma revolução positiva e sem volta.

Em meu curso on-line Inteligência Financeira, explico aos meus alunos que vamos mudar o Brasil para melhor, cuidando de cada célula. Chamo de célula cada pessoa que, se assumir as rédeas do próprio futuro e construir uma vida melhor, mais rica e sem depender de ajuda dos outros, será um ônus a menos para a sociedade. Se esse objetivo transformador alcançar toda a população, teremos uma sociedade inevitavelmente mais rica e saudável.

Por isso, sinto que você, leitor, tem em mãos um instrumento de transformação. Leia-o com sabedoria e coloque em prática o que encontrar nas próximas páginas. Sua vida será outra, certamente mais rica, depois desta leitura.

Introdução

Não importa a sua idade, não importa onde você vive, não interessa nem mesmo quanto você ganha. Você precisa adestrar o seu dinheiro, assim como um cachorro, se não quiser ser dominado por ele pelo resto da vida.

Pense bem: Qual foi a última vez que você sentiu tranquilidade em relação à sua vida financeira? Aquela sensação sublime de poder pagar todas as contas e ainda ter dinheiro sobrando no fim do mês?

a. Nem sabia que isso era possível.
b. Esse tipo de coisa só acontece com gente rica.
c. Seria ótimo sentir isso, mas não tenho ideia do que fazer para viver assim.
d. Vivo constantemente com essa sensação.

Se você respondeu "a" ou "b", este livro vai ser o ponto de partida para uma mudança financeira tão indescritível que você vai querer ler novamente só para poder responder "d" da próxima vez.

Se respondeu "c", tenho uma boa notícia: vou ensinar você a se organizar para ter dinheiro suficiente para pagar as contas, fazer o que gosta e ainda guardar um pouco para o futuro.

Não importa que alternativa você escolheu, este livro será um guia para transformar sua vida e trazer tanto tranquilidade quanto prosperidade. Ter dinheiro sobrando é bom, mas saber multiplicá-lo para realizar sonhos audaciosos é ainda melhor.

Ao longo dos próximos capítulos, vou dividir com você a minha história, desde que comecei a poupar aos 7 anos até me tornar milionária aos 32. Vou contar como cheguei até aqui, os erros que cometi, as roubadas em que me meti, as dúvidas que tive e tudo o que aprendi ao longo desses anos como poupadora compulsiva.

Mas este livro não é sobre mim e as minhas conquistas. É sobre você, o seu dinheiro e o que vem fazendo com ele até agora.

COMO ECONOMIZAR NO DIA a dia? Como poupar dinheiro mesmo ganhando pouco? É preciso fazer uma previdência privada para ter uma velhice tranquila? Quais são as melhores (e as piores) modalidades de investimento? Como poupar para o futuro sem abrir mão dos meus desejos e necessidades do presente?

Sei que você tem muitas dúvidas sobre o que fazer com o seu dinheiro. Sei também que muita gente simplesmente não faz *nada* com ele – a não ser pagar contas e juntar moedinhas para chegar até o fim do mês.

É por isso que estou aqui.

Quero ajudar você a descobrir o que vem fazendo de errado até agora e ensinar como dar um basta nos hábitos que sabotam sua saúde financeira. Não adianta esperar que sua fortuna caia do céu: você vai precisar ralar, ter foco, identificar seus propósitos e se comprometer a pensar e a agir diferente. E também quero te mostrar que existe um mundo novo, incrível, maravilhoso em que o dinheiro trabalha para você, e não você para ele.

Desde que dei início ao projeto Me Poupe!, em 2015, primeiro com o blog e depois com o canal no YouTube, que hoje tem mais de 2 milhões de inscritos e é visto por mais de 8 milhões de pessoas por mês, tenho me dedicado a discutir o mundo das finanças pessoais com leveza e bom humor. Afinal, o dinheiro é parte da nossa vida e não faz o menor sentido tratá-lo com cerimônia, ter vergonha de falar dele ou, pior, fingir que ele não existe ou que não pode nos ajudar a viver melhor.

Este livro tem como objetivo ampliar o alcance da minha mensagem, que é, basicamente: você pode sair do buraco, não importa qual o tamanho dele.

Reuni aqui exemplos práticos, situações reais, planilhas e exercícios, e organizei tudo isso em 10 passos simples para nunca mais faltar dinheiro no seu bolso.

Antes de virar a página da sua vida financeira, permita-me sugerir um plano de leitura, uma espécie de "modo de usar". Meu marido chamaria isso de "querer controlar até a leitura dos leitores". Eu chamo de apoio logístico.

Fique à vontade para seguir o plano ou não. Porém, saiba que, se seguir estas etapas, vai aplicar as dicas mais rapidamente e com certeza enriquecerá mais depressa. Mas sem pressão. É você que está no comando das suas decisões a partir de agora.

Plano de leitura para pessoas bem-sucedidas:

1. Defina a data em que vai terminar o livro e o número de páginas que deverá ler por dia para cumprir o prazo. Pode escrever aqui:

   ____

   ____

2. Anote a data de hoje e a nota que você daria à sua vida financeira, de 1 a 10, sendo que 1 representa MUITO RUIM e 10 representa EXCELENTE.

   ____

   ____

3. Sabendo como está sua vida financeira hoje, defina como você gostaria que ela estivesse ao final da leitura, de 1 a 10, seguindo o mesmo raciocínio. Exemplo: você deu nota 2 às suas finanças hoje e gostaria que chegasse a 4. Parece pouco? Imagina! Já representa uma melhora de 100%! Muita gente acha que a vida financeira só estará boa quando a nota for 10. Como isso parece inatingível, essas pessoas nem se dão ao trabalho de começar a melhorá-la. Não quero que você cometa esse erro! Dê um passo de cada vez.

   ____

   ____

4. Quando terminar a leitura, volte às suas anotações e avalie sua vida financeira novamente, dando nota de 1 a 10. Assim você vai saber, de maneira simples e clara, o resultado da sua evolução e poderá definir uma nova meta de pontuação. Acho que o primeiro capítulo já vai mudar a sua vida. Imagina quando terminar o décimo!

   ____

   ____

5. Compartilhe suas experiências positivas e dificuldades (achou que não ia ter?). Se possível, convide uma pessoa próxima a ler o livro no mesmo ritmo e a dividir as impressões dela com você. Não precisa

ser seu namorado ou sua namorada, seu marido ou sua esposa, mãe ou irmã. Mas é importante que seja uma pessoa com interesses semelhantes aos seus.

Obs.: Só vale falar mal do plano depois de executá-lo.

Nota da autora

Este livro contém linguagem simples e acessível e o humor contido nele é fruto da minha personalidade. Trocadilhos, piadas infames e palavrões podem estar presentes a qualquer momento na narrativa. Ganhar um Nobel de Literatura não está nos planos desta que vos escreve. O objetivo dos próximos capítulos é desfuder a sua vida financeira e mostrar que é possível enriquecer licitamente ainda nesta encarnação. Se eu consegui ficar milionária trabalhando e empreendendo, você também consegue.

CAPÍTULO 1

Dinheirofobia

Precisamos falar sobre dinheiro

Neste exato momento, um vírus silencioso pode estar instalado no seu cérebro provocando sintomas aparentemente inofensivos, como:

- Sentir vergonha de pedir desconto;
- Achar feio falar sobre dinheiro e divisão de gastos;
- Ter medo de pedir aumento de salário;
- Pensar que os ricos são maus e os pobres são bons;
- Estar certo de que investir é para quem tem muito dinheiro;
- Acreditar que Deus ajuda quem tem uma parcelinha para pagar.

Se você se reconhece em pelo menos uma das situações acima, sinto muito lhe dar o diagnóstico de forma tão direta: você está com *dinheirofobia.*

"Meu Deus, e agora? Será que vou morrer disso?"

Calma, não se desespere. Dinheirofobia tem cura, e é para isso que este livro foi escrito. Como um médico numa consulta, minha intenção é:

- Diagnosticar o problema;
- Acabar com os sintomas;
- Combater a causa da "doença" por meio de um tratamento poderoso e eficaz desenvolvido por mim ao longo dos últimos anos.

Porém, da mesma forma que o paciente precisa colaborar com o tratamento para se curar, eu preciso da sua ajuda para que o método dê resultado.

O tratamento da dinheirofobia é simples e rápido, mas pode ser doloroso, dependendo do paciente. Como sua "doutora" nesse processo, preciso ser honesta: algumas pessoas tiram o tratamento de letra; outras sentem efeitos colaterais como desconforto nos bolsos, fortes pontadas de compulsão no shopping, dúvidas fulminantes sobre investimentos, etc., mas superam a dor, engolem em seco e continuam firmes até que os sintomas desapareçam. Há ainda os pacientes que precisam de remédio diariamente e têm plena consciência de que a cura depende do próprio empenho, mas que somem do consultório na segunda semana, deixam de tomar o medicamento e tentam sozinhos lutar contra a pior sequela da dinheirofobia: a pobreza.

(Dica da autora: Compromissos públicos ajudam a manter o foco. Se você quer aumentar as chances de curar a dinheirofobia, publique uma foto em alguma rede social com a #AdeusDinheirofobia. Não se esqueça de me marcar: @Nathaliaarcuri. Tô de olho em você!)

O Ministério da Saúde adverte: dinheirofobia faz mal à saúde.

Precisamos de dinheiro. Gostamos das conquistas que o dinheiro nos traz. Trabalhamos em troca de dinheiro. Temos sonhos que se tornarão realidade quando juntarmos dinheiro. Mas escondemos esse assunto debaixo do tapete, como se ele fosse um imenso tabu.

Analise os diálogos a seguir e diga qual deles seria mais fácil de acontecer na vida real:

Diálogo 1:

– Amiga, vamos a uma sex shop?

– Putz… não tava podendo gastar, nem tenho namorado, mas... Claaaaaaro!

Diálogo 2:

– Amiga, você tá devendo o cartão há dois meses e não paga a parcela do apartamento desde janeiro. Acho que precisa de ajuda!

– Nossa, ainda bem que você falou! Me ajuda a montar uma planilha para organizar minhas finanças?

Você achou a situação 2 surreal? Pois eu garanto que, até o final deste livro, o diálogo 1 é que parecerá um despropósito total.

O que tudo isso significa? Que as pessoas têm medo de falar sobre dinheiro.

E é por isso que, antes de falar de investimentos, antes de explicar a importância do propósito, antes de apresentar a você o meu filho, o Juro Composto, antes de contar como me tornei uma mulher bem-sucedida, nós, eu e você...

... precisamos falar sobre dinheiro.

Este é o primeiro dos 10 passos que vou apresentar aqui para ajudar você a resolver sua vida financeira ainda nesta encarnação.

Passo 1. Fale sobre o dinheiro antes de o dinheiro faltar (e ele não vai faltar).

QUANDO UMA PESSOA GANHA muito mal, ela conversa sobre isso com toda a tranquilidade do mundo. "Nossa, tô ferrado, a minha empresa não me valoriza. Sabe quanto eu ganho? Um salário mínimo! Um absurdo!" A partir do momento em que essa pessoa começa a ganhar um pouquinho mais, o dinheiro deixa de ser assunto. Ela guarda essa informação como se fosse um segredo, e, pior, um segredo maligno. Afinal, embora a sociedade valorize o status e a riqueza, muita gente ainda pensa que, se o dinheiro está sobrando, é porque tem alguma coisa errada. Isso se chama paradoxo. Trazendo para o linguajar que todo mundo entende: não faz sentido. Esse jeito de pensar mora no inconsciente coletivo dos brasileiros, ou seja, é algo que passa pela cabeça de todo mundo e que parece tão natural que nem nos ocorre questionar a origem desse pensamento.

Já que eu tomo minhas pílulas antidinheirofobia todos os dias, não tenho medo de falar sobre dinheiro. Pelo contrário: fico orgulhosa de poder divulgar os números mais recentes da minha vida financeira. O Me Poupe!, primeira plataforma de entretenimento financeiro do mundo, criada por mim em 2015, faturou 350 mil reais em seu primeiro ano de existência e, graças ao bom desempenho dos negócios e ao apoio de uma equipe engajada e capaz, chegaremos aos 7 milhões de reais de faturamento em 2018.

Agora é a sua vez de falar!

Responda às seguintes perguntas sobre sua vida financeira:

Quanto você espera ganhar este ano?

____

Quanto ganhou no ano passado?

____

Quanto gostaria de ganhar no ano que vem?

____

AGORA VAMOS FALAR SOBRE como o vírus da dinheirofobia se instala.

O vírus da gripe, uma das doenças mais contagiosas do planeta, é transmitido por meio da "inalação de partículas de secreção infectada em suspensão no ar". Ou seja: uma pessoa doente espirra, não protege a boca e o nariz, a outra inala o ar contaminado e fica doente também.

"Por que a Nath tá falando de gripe? Pirou?"

Calma, você já vai ver aonde isso vai chegar.

A gripe dura em média cinco dias e não costuma causar efeitos graves em pessoas saudáveis. Outra curiosidade sobre o vírus da gripe, o *Influenza*, é que ele sofre mutações constantes, por isso a necessidade de tomar a vacina todos os anos. A gripe de hoje certamente não será a do ano que vem.

"Ok, doutora da alegria. E o que a gripe tem a ver com o meu dinheiro?!"

Agora, sim, chegamos aonde eu queria!

O vírus da dinheirofobia é muito parecido com o da gripe porque:

1. Atinge com mais facilidade indivíduos com baixa imunidade (no caso da gripe, pessoas com a saúde frágil; no caso da dinheirofobia, pessoas com o caráter em construção);
2. Instala-se pela primeira vez na infância;
3. É transmitido pela boca, por meio de frases tóxicas.

Comparação genial, não é?

Mas a grande diferença é que, em geral, a gripe acaba em uma semana. Já a dinheirofobia chega, fica e só piora com o tempo se não for tratada.

A doença tem várias fases. Veja em qual delas você está:

- **Fase 1 – Infecção.** Na maioria dos casos, ocorre na infância. A pessoa ouve algo nocivo sobre o dinheiro, presencia uma situação desagradável envolvendo o dito-cujo ou simplesmente nunca é convidada a falar sobre finanças. Ela absorve o (mau) aprendizado.
- **Fase 2 – Espelhamento.** Em geral, manifesta-se na adolescência. A vítima repete o que aprendeu em casa e adota comportamentos semelhantes aos da família transmissora.
- **Fase 3 – Aparecimento dos primeiros sintomas.** Esta fase costuma coincidir com o primeiro emprego. Por não saber como fazer uso

daquele treco chamado dinheiro, a vítima passa a desperdiçá-lo e se recusa a procurar ajuda especializada.

- **Fase 4 – Estágio avançado.** É comum a ocorrência de sintomas como endividamento excessivo, descontrole financeiro e total desconhecimento de saídas eficazes para o problema.

Muita gente vai empurrando a doença com a barriga até o momento em que ela se torna realmente grave. Isso costuma ocorrer junto com o primeiro relacionamento amoroso sério.

A doença pode dar as caras já no primeiro encontro. O casal combina sair. Um dos dois propõe um lugar bacana – e caro. O outro pensa: "Putz, não é para o meu bolso!" Pergunta que vale 1 milhão de reais: ele fala isso? Resposta: Nããããããão! Pensamento paralelo: "Não vou falar sobre dinheiro. Vou ficar na minha porque senão ele/ela vai pensar que eu sou dura/duro ou mesquinha/mesquinho."

Esse impasse pode terminar de duas maneiras:

- **Saída número 1:** Quem convidou paga a conta. Se dinheiro não for problema e tiver planejado essa saída cara para impressionar o/a pretendente, tudo bem. Mas, se não for esse o caso, a história já começa torta: a pessoa ostenta um padrão que não tem, o que pode levar ao endividamento.
- **Saída número 2:** Ambos dividem a conta e aquele que achava o lugar caro também assume um padrão que não é o seu. Mau começo.

Essa dinâmica perversa se instala sem resistência no relacionamento. Quando um casal não se dispõe a conversar sobre dinheiro – ambos contaminados pela dinheirofobia –, começa a viver uma vida que não é a dele. Aí é que está o problema. Vamos imaginar que o namoro começou naquele jantar caro, virou noivado e depois casamento. O casal foi levando a relação daquele jeito: um pagando a conta, ou os dois dividindo, nada conversado. Eles só falarão sobre dinheiro quando começarem a planejar o casório. Aí ferrou. Se não é a família de um ou de outro que vai bancar a festa, e sim o casal, começa o conflito. "Como assim, 5 mil só de docinhos?", pergunta o noivo. "Qual é o problema? Você não me ama?", retruca a noiva. A essa altura, está tudo misturado – sentimentos e dinheiro. Nunca se falou sobre o assunto, um não sabe quanto o outro ganha, não fizeram planos comuns.

Aliás, estudos apontam que o maior motivo de briga entre casais é o dinheiro. Uma pesquisa realizada em junho de 2016 pelo Serviço de Proteção ao Crédito, o SPC, apenas com mulheres indicou que os gastos do casal são o principal motivo de bate-boca (apontado por 37,5% das entrevistadas). A divisão das tarefas do lar vem em segundo lugar, com 25,7% dos votos, e em seguida aparece o ciúme, com apenas 19,6%.

Viu por que é tão importante falar sobre dinheiro?

"Ok, guru do amor, e como é que eu vou falar sobre dinheiro logo de cara com o boy ou com a menina?"

Calma. Não precisa pedir o extrato bancário nem mostrar o seu. Abrir o jogo caso surja qualquer tipo de incômodo já é suficiente. Você SEMPRE, repito, SEMPRE vai saber quando houver algo de errado. Basta prestar atenção nestes sinais:

- Medo de decepcionar;
- Medo de ser julgado;
- Medo de "quebrar o encanto";
- Medo de que o outro goste menos de você;
- Medo de causar uma briga desnecessária.

A dinheirofobia se manifesta até mesmo fisicamente. É uma espécie de angústia acompanhada de uma sensação de nó na garganta, como se você quisesse falar alguma coisa, mas não conseguisse. Se já te convenceram a comprar algo de que não precisava, você sabe do que estou falando. Dia desses, estava conversando com uma amiga que, sabendo do meu trabalho à frente do Me Poupe!, confessou: "Comprei um jogo de cama de 4 mil reais porque não tive coragem de dizer 'não' à vendedora." Aquela confissão repleta de culpa não me deixou dúvida: estava diante de mais uma vítima.

TER UMA CONVERSA SOBRE os nossos limites financeiros é importante até mesmo com amigos. Sabe aquela happy hour em que você toma um refrigerante, os amigos tomam cinco chopes cada um e você é "convidada" a repartir a conta por igual?

"Caramba, mas eu só tomei um refrigerante", você pensa. Porém, se a dinheirofobia já atingiu você, essa indignação permanecerá no campo das ideias. Para evitar constrangimento, eu dou preferência aos bares com comanda individual e, caso não seja possível, sinalizo logo no início: "Vou anotar o que eu consumir pra pagar separado, ok?"

Se já me chamaram de muquirana? Claro! Mas aprendi a não me importar com esse tipo de reprovação social que, na prática, equivale a colocar a vítima (eu, a do refrigerante) na posição de algoz (os marmanjos que consumiram cinco chopes cada um).

Sei lá por quê, nasci com esse "tilt" na cabeça. Desde a adolescência, sempre que destoo do grupo e não conto com a aprovação geral, tenho consciência de que estou indo contra o temível efeito manada. Já ouviu essa expressão? Ela se refere ao comportamento animal diante, por exemplo, de um predador. Se um antílope fareja um leão e sai em disparada, o bando o segue, sem nem mesmo entender por quê. É instintivo. Esse comportamento também é visto nos humanos. Um investidor compra ações de uma empresa. A notícia se espalha e outros começam a fazer o mesmo investimento. Pode até ser que o primeiro estivesse bem informado, mas os seguintes quase sempre agem para acompanhar o grupo, exatamente como fazem os antílopes. Rachar a conta sem questionar é acompanhar a manada. A pessoa pensa: "Se todo mundo divide, não sou eu que vou discordar e comprar briga." E aí toma prejuízo. É por isso que adoro comandas individuais e amigos que respeitam o meu direito de pagar apenas pelo que eu consumi.

Se não tivéssemos dinheirofobia, todos esses dilemas seriam muito mais simples de se resolver. Se todos falássemos claramente sobre dinheiro, sobre ganhos e gastos, as relações humanas seriam mais justas e verdadeiras.

QUANDO TINHA UNS 19 anos e estava na faculdade, resolvi trabalhar como modelo. Foi de caso pensado: depois de muito pesquisar, descobri que trabalhando em feiras eu conseguiria tirar, em um fim de semana, o salário de um mês inteiro como estagiária de jornalismo. Então, lá fui eu. Um dia, o empresário que me contratava perguntou se podia pagar meu cachê em sessões de cabeleireiro. Eu não tive dúvidas: "Fulano, cabeleireiro não compra pão na padaria nem enche o tanque do meu carro. Por favor, me dê minha parte em dinheiro." Desse dia em diante, apesar de ter ficado meio contrariado, esse empresário nunca recusou minhas dicas para economizar. Aos poucos, ele percebeu que eu não era muquirana; apenas cuidava do meu dinheiro de um modo diferente, e esse modo tinha potencial para ajudar outras pessoas.

É claro que a imunidade à dinheirofobia é uma característica minha – eu poupo desde os 7 anos –, mas falar sobre dinheiro com naturalidade é algo que dá para ensinar e aprender. Não tem nada de errado nisso. É do meu dinheiro que estou cuidando, e é do seu que você vai aprender a cuidar nos próximos capítulos.

De onde vem a dinheirofobia? Essa é uma discussão profunda e tem até uma ciência que estuda as relações das pessoas com o dinheiro: a psicologia econômica. Se você quer mergulhar nesse assunto, pode dar uma olhada no Passo 7, em que falo dos livros que mudaram a minha cabeça. Mas já vou começar a ajudar você a descobrir de onde vem a sua (caso tenha a doença, claro).

A dinheirofobia muitas vezes nasce dentro de casa, com a inabilidade dos pais em falar sobre finanças ou com maus exemplos, como o pai que gasta o que não tem, a mãe que não poupa um centavo do que ganha, o tio que vive endividado. É em casa, quase sempre, que surge aquele papo de "Dinheiro é sujo, é coisa ruim, de quem explora os outros". É comum ouvir comentários como "O vizinho trocou de carro de novo; de onde será que vem tanto dinheiro?", como se só a malandragem pudesse explicar a prosperidade.

É também dentro de casa que costuma proliferar outro tipo de pensamento que carregamos para o resto da vida e que dificulta o tratamento contra a dinheirofobia. É mais ou menos assim:

– Filho, a gente é pobre. Você não tem chance. Esquece esse negócio de ter dinheiro. Não é pra gente como a gente.

Bum! Doença instalada.

Quando os próprios pais dizem que a vida é desse jeito, quem vai conseguir provar o contrário?

Espero que eu! Acredito que este livro seja o antídoto contra esse tipo de pensamento.

Quando uma criança pede um brinquedo pela primeira vez, ela já poderia começar a entender que: 1) dinheiro não brota em árvore; 2) papai e mamãe têm que ralar muito para ganhar dinheiro; 3) se quer esse brinquedo, então vamos planejar como a gente vai juntar o suficiente para comprar e quando isso acontecerá (sim, porque definir prazo é superimportante). Quando a criança estiver um pouco mais velha, esse planejamento poderá envolver uma mesada, que a ajudará a entender que dinheiro é um recurso escasso e finito e que, se cuidar bem dele e souber poupar e esperar, poderá ter coisas maiores (e melhores) do que se gastar com coisas menores.

A educação financeira nas escolas ainda é muito básica – quando existe, o que é raro. O tempo passa, a pessoa cresce e ouve no noticiário que a taxa Selic subiu. Sabe o que ela faz? Muda de canal. "Esse negócio de taxa Selic é coisa para economista, não para mim", pensa. E olha que vacilo essa pessoa está cometendo: na hora em que for fazer um financiamento para a casa própria, vai precisar de informações sobre a Selic! O problema é que, lá atrás, ela nunca aprendeu a relacionar o dinheiro que recebe com o que ouvia no noticiário. Com essas e outras, vai ganhando força no inconsciente coletivo a ideia de que quem fala de dinheiro é mesquinho, individualista e mercenário. Ué!? Não vivemos em um país capitalista? Por que não podemos falar abertamente sobre dinheiro? Por que não podemos aprender a nos relacionar com o dinheiro de maneira que ele trabalhe para nós?

Outra face perversa dessa demonização do dinheiro é a crença de que pessoas "boas" doam tudo aquilo que não usam mais. Tem gente que acha que, se vender um tênis que usou duas vezes e apertou o calcanhar, vai para o inferno. Quando pergunto para alguém "Por que você não vende as roupas que não usa mais?", a resposta quase sempre é: "Imagina! Tanta gente precisando! Vou doar." Doar? Quando aquela pessoa, ela própria, vive reclamando que não tem dinheiro para nada? Essa vítima da dinheirofobia realmente acredita, do fundo do coração, que, se vender as roupas em vez de doar, será penalizada de alguma maneira. Dá trabalho convencê-la de que, caso venda as roupas melhores, ela pode começar a sair do endividamento e a poupar. Pense comigo: ela pode pôr preço em parte de seu acervo e doar as peças que não têm valor de revenda. É bacana ajudar o próximo, mas dá para fazer isso sem deixar de ajudar a si mesmo.

Calma. O que estou propondo não vai transformar você num ser humano sem coração, tampouco numa daquelas pessoas que só pensam no próprio umbigo. Muito pelo contrário! Já ouviu aquela recomendação que a comissária de bordo dá antes da decolagem: "Em caso de despressurização, máscaras de oxigênio cairão automaticamente. Coloque a sua máscara primeiro e só então ajude quem estiver ao seu lado"? É o que vamos fazer ao longo das próximas páginas. Você terá que colocar a máscara da saúde financeira primeiro em você se quiser ajudar as pessoas que mais ama.

Este livro traz um tratamento completo contra a dinheirofobia. Cada capítulo entrega uma dose homeopática de conhecimento para você se tratar e transformar sua vida financeira em um oásis. Começando, claro, pelo primeiro passo, que está no nome deste capítulo: fale, fale e fale sobre dinheiro. Não apenas quando ele faltar ou quando não der mais para fugir do assunto. Fale de maneira positiva, no dia a dia, fale sobre seus planos, seus desejos e suas dificuldades. Busque ajuda com quem sabe mais do que você, leia sobre o tema, pergunte a outras pessoas como elas lidam com suas finanças. Apenas *fale*.

A partir de agora você tem dois caminhos: seguir ou abandonar o tratamento. A cura da dinheirofobia (e da pobreza) está nas suas mãos. Literalmente.

CAPÍTULO 2

O primeiro não

A importância de ter um objetivo

O meu primeiro sonho de consumo foi um Escort conversível vermelho.

O detalhe é que, quando descobri esse sonho de consumo, eu estava com 7 para 8 anos. Não tinha ideia do que era embreagem. Mas sabia que queria um carro e que, para que um dia pudesse sentir os cabelos ao vento enquanto guiava meu conversível vermelho, eu precisaria de dinheiro.

Estávamos em 1992. A inflação (aquilo que faz o preço das coisas aumentar e o seu dinheiro perder o valor) era altíssima, passando de 1.000% ao ano. Moeda na época: cruzeiro. O real ainda não existia (ele foi instituído em 1994). As pessoas precisavam de muitas notas de um dinheiro desvalorizado para comprar objetos de pouco valor, e o preço do leite num dia não seria o mesmo no dia seguinte.

Foi nesse contexto que aconteceu algo que mudaria o rumo da minha e, espero, da sua história: eu ouvi o meu primeiro grande NÃO.

Imagine a cena: crianças reunidas no pátio da escola, conversando no gira-gira sobre *Changeman*, uma série japonesa de super-heróis e vilões, e também sobre os mocinhos e bandidos da vida real num país que sofria com congelamento de preços, bloqueio de contas, inflação e crise econômica. Um dia, durante nossos papos filosóficos, uma das meninas, a mais abastada de todas nós, soltou esta bomba:

– Meu pai abriu uma poupança para me dar um carro de presente quando eu fizer 18 anos.

Bianca, a outra amiga no gira-gira, de ascendência japonesa e muito esperta, e eu nos olhamos em choque. Na casa da amiga rica eram três irmãs. Será que todas teriam carro aos 18 anos? Na minha família também éramos – somos – três meninas. Me pareceu óbvio que meu pai também tinha aberto uma poupança para que eu tivesse um carro aos 18. Assim como para minhas irmãs.

Cheguei em casa eufórica e fiz a pergunta:

– Pai, eu tenho uma poupança?

E a resposta foi:

– HAHAHAHAHAHA.

Ok, não foi tão ruim assim...

– Não, você não tem. Zero poupança. Cresça e apareça.

Aquele foi o meu primeiro NÃO realmente significativo. Daqueles que marcam e definem o futuro. E foi importantíssimo para tudo o que veio depois.

Hoje, pensando naquele dia, fico imaginando o que deve ter passado pela cabeça do meu pai. Seu Luiz, engenheiro civil que trabalhava – e ainda trabalha – muito e mantinha a família sem privações, mas sem luxos, não era o tipo de pessoa que passasse a mão na cabeça das filhas. "Tirou boas notas? Não fez mais do que a obrigação." Minha mãe, dona Neusa, psicóloga e dona de casa, não trabalhava fora para gerenciar a tropa. A grana ficava por conta do meu pai. Em casa, nunca tive mesada. Jamais ganhei presente caro nem fora de época – era só no Natal, no aniversário, no Dia das Crianças e tchau. Até por isso, aprendi que, se quisesse alguma coisa, eu mesma teria que batalhar para conseguir. Acho que a frase que mais ouvi na infância e na adolescência foi: "Cresça e apareça. No dia em que você tiver o seu dinheiro, poderá fazer tudo o que quiser."

A frase ficou impregnada na minha cabeça como um mantra. Pior que música-chiclete. Era disto que eu precisava para a minha vida: a certeza de que um dia eu poderia fazer tudo o que quisesse. Mas isso exigia alguns pré-requisitos. A equação DINHEIRO + CARRO = LIBERDADE passou a me guiar a partir de então.

Se meu pai não tinha aberto a poupança, eu mesma teria que fazer alguma coisa para comprar meu carro quando completasse 18 anos. Mais de duas décadas depois, descobriria que naquele momento eu havia começado a desenvolver uma das habilidades mais importantes para quem pretende enriquecer: a autodisciplina.

"Eita, acho que não vim com esse treco aí, não!", você pensou. (Sim, eu consigo ler os balõezinhos com seus pensamentos.)

Nem você nem o resto do mundo. Não se nasce com autodisciplina, aprende-se. E quanto mais cedo você aprender, melhor será a sua vida financeira. Vai por mim.

Explicando melhor: autodisciplina é a habilidade de se impor metas, de ser o próprio crítico e "treinador", e de não descansar enquanto não chegar ao resultado esperado. O autodisciplinado luta por um pódio imaginário e treina todos os dias para superar seu maior obstáculo: ele mesmo.

Nooooossssa, falei bonito agora! Sabia que um dia eu ia botar isso num livro.

Ok, voltando…

Eu não precisava que ninguém me dissesse para guardar dinheiro. Para ser livre, só tinha que ser disciplinada. E era a liberdade proporcionada pelo carro, e não o carro em si, o maior combustível para aprender a ter disciplina.

Admito que foi pura sorte eu ter um grande objetivo aos 7 anos. Afinal, quando se tem um grande objetivo na vida financeira, tudo fica mais fácil, inclusive (e principalmente) poupar.

Se o meu objetivo claro era comprar o carro, eu precisava de uma estratégia para chegar lá. Com 7 anos, a minha estratégia se chamava TEMPO. Logo descobri que, para realizar meu sonho, eu precisaria:

1. Guardar dinheiro;
2. Saber quanto custava o carro que eu queria.

O primeiro ponto era um desafio e tanto. Se eu não tinha nem mesada, como conseguiria dinheiro para comprar um Escort conversível vermelho?

De vez em quando, meu pai me dava 2 reais para comprar o lanche na cantina da escola. A essa altura, já estávamos em 1994; com a moeda brasileira valorizada, não era pouco dinheiro. Quase tudo o que ele me dava eu guardava para comprar meu carro. Eu tinha um cofre, desses de lata com um cadeado que quase toda criança tem, e o levava muito a sério. Para evitar furtos da minha irmã mais nova, comecei a anotar os valores em código e deixava o papel com anotações codificadas junto do dinheiro. Se alguém mexesse no meu cofre, eu saberia. (É isso que dá ficar pondo a criança para ver MacGyver aos domingos.) O lanche? Eu levava uma fruta de casa ou então dava aquela "filada" básica no biscoito dos colegas. Às vezes, quando não conseguia nenhuma doação generosa de alimento, eu comprava um rissole gorduroso da cantina. Custava 80 centavos. O restante ia para o cofrinho.

Apesar de não ser muito boa em matemática, logo aprendi a fazer projeções do tipo: "Se eu continuar guardando cerca de 2 reais por semana, vai demorar bem mais de 10 anos para alcançar meu objetivo." (Claro que naquela época eu ainda não conhecia o conceito de juros compostos, então era na unha mesmo, real a real.) Se quisesse mesmo um carro aos 18 anos, teria que arranjar mais dinheiro. E assim foi: no Natal, no Dia das Crianças e no meu aniversário eu sempre pedia dinheiro, nunca presente, e todos me atendiam. Também fui beneficiada pela resistência da minha mãe à tecnologia. Ela nunca gostou de caixas eletrônicos e ainda não existiam cartões de débito. Então, para as compras do dia a dia, era comum pedir para mim – afinal, eu sempre tinha dinheiro vivo em casa. Eu emprestava 30 reais, ela vinha com uma nota de 50 para me pagar. Eu, cara de pau desde cedo, fazia aquela cara de "Poxa, não tenho troco, mãe!" e embolsava a diferença. Era o conceito de juros, embora eu ainda não tivesse consciência disso. Obrigada por fazer de conta que não percebia minha traquinagem, mãe!

Meus pais sabiam que eu poupava e esse meu comportamento despertava alguma simpatia, de modo que eu não era cobrada depois. Mas eles nunca souberam dos meus planos de comprar o carro. E assim eu ia engordando meu cofrinho.

O segundo ponto – saber quanto custava o carro dos meus sonhos – era fácil. Meu pai assinava um jornal diário e todo fim de semana eu lia os classificados de automóveis. Afinal, era necessário saber quanto eu deveria poupar. Talvez estivesse guardando menos do que precisaria; tinha que encontrar um parâmetro. Mas, a essa altura, eu já havia entendido que dificilmente ainda desejaria aquele Escort conversível quando tivesse 18 anos. Também percebi que seria melhor encontrar um carro mais barato, de valor compatível com as projeções que eu vinha fazendo sobre o total da minha poupança nos anos seguintes. Um Jeep Willys 85 cabia nas minhas previsões. Um Buggy também. Decidi que compraria aquilo que meu dinheiro possibilitasse. O mais importante era estar motorizada e poder ir aonde eu quisesse.

Nos anos seguintes, encontrei meu segundo grande objetivo: cuidar do futuro dos meus pais. Na minha cabeça de pré-adolescente, eu devia a eles e era meu papel retribuir de alguma forma tudo o que faziam por mim. Com muita meiguice, eu falava:

– Cuidem bem de mim porque sou eu que vou pagar o asilo de vocês.

Lembro bem de como a minha mãe achava graça daquilo e pedia que eu repetisse na frente das amigas dela. Mal sabia ela que não era uma piada. A parte do asilo era exagero, claro, mas minha preocupação com o futuro deles era real.

Meu objetivo fez de mim uma menina cada vez mais curiosa em relação às finanças. Um pouco mais tarde, comecei a perguntar aos meus pais se eles tinham uma reserva, um plano B (lembrando que só meu pai trabalhava), uma previdência privada, ações na Bolsa (sim, até isso eu perguntava, embora nem soubesse direito o que significava). A resposta era sempre "Não". Comecei a ficar preocupada e decidi que, resolvida a questão do carro, eu começaria a guardar uma grana pensando neles – já que eles mesmos não pareciam muito interessados no assunto. Hoje fico tranquila em saber que posso ajudá-los no que for preciso, ainda que não seja necessário.

No entanto, nada disso era um peso para mim. A maioria das pessoas acha que planejar o futuro é algo muito difícil, mas nunca pensei assim. É como se, de alguma maneira, eu conseguisse enxergar o futuro com nitidez. Minha cabeça se comportava como uma planilha automática: se eu poupasse certa quantia por certo tempo, conseguiria o suficiente para realizar tal projeto. Da mesma forma, se eu gastasse certa quantia durante certo tempo, me daria mal. Logo entendi que o tempo é meu melhor amigo. Poupando desde cedo, sem desespero e com planejamento, eu conseguiria ajudar na aposentadoria dos meus pais sem que isso exigisse de mim um esforço gigantesco. E eu tinha o tempo a meu favor.

Enquanto isso, no cofrinho, minha poupança crescia – um bolo de notas amarradas, e notas cada vez mais valiosas, porque de tempos em tempos eu trocava as de 2 reais por cédulas de maior valor.

Detalhe: eu não tinha a menor noção de como funcionavam a poupança ou o mundo dos investimentos. Esses assuntos não eram tratados dentro de casa. Além dos nãos que eu recebia dos meus pais, pouco falávamos sobre dinheiro. Éramos eu, meu cofrinho e meus planos de juntar cada vez mais dinheiro.

O tempo foi passando.

Aos 15 anos, a meta de ter o carro estava batendo à minha porta e ainda faltava muita grana para conseguir chegar perto do meu objetivo. Adivinha o que eu fiz? Pulseiras de miçangas e camisetas *tie-dye* para vender na escola. Ponto para mim! O lucro era pequeno, mas em pouco tempo todo mundo que eu conhecia já estava comprando meus produtos. Foi aí que tive uma ideia: "E se eu fizesse propaganda? Será que rolava uma graninha?" Bora infernizar a minha mãe para convencer o meu pai – meu patrocinador na época – a me colocar em um curso de teatro. Eu mesma fiz a pesquisa, liguei para as escolas e descolei o curso mais barato, que meu pai acabou pagando depois de certa resistência. Na minha cabeça, a equação era a seguinte:

Curso de teatro + Testes em agências de propaganda = Dinheiro

Minhas técnicas de negociação foram desenvolvidas precocemente, como você deve imaginar. Seis meses depois, estava na turma de teatro perguntando para Deus e o mundo como eu conseguiria fazer propagandas. Minha mãe, grande companheira de ideias malucas e agente nas horas vagas, rodou comigo a cidade de São Paulo inteira em busca de agências de talentos, o próximo passo necessário para eu ter acesso aos comerciais de TV. Fomos a umas dez.

Eu mesma banquei meu book, porque via aquilo como um investimento. Pesquisei e paguei à vista: 300 reais. Era muito dinheiro para mim, mas eu sabia que aquele valor voltaria de alguma forma. E começaram a surgir trabalhos: uma figuração aqui, uma propagandinha ali... Em dois anos, tinha juntado um bom dinheiro só nessa brincadeira de fazer publicidade. Os 300 reais que investi no book se transformaram em 3 mil reais.

Encurtando a história, quando completei 18 anos eu tinha exatos 6.700 reais, (quase) o suficiente para comprar o Jeep Willys. O preço pedido era perto de 8 mil, mas eu faria um chorinho clássico – desde aquela época, pechinchar já era comigo mesma – e levaria, tinha certeza.

Mas não precisei.

Sabe aquele negócio chamado SORTE? Pois é. Às vezes a sorte resolve bater à nossa porta e precisamos estar abertos para aproveitá-la da melhor maneira possível.

Eu tinha a grana do carro pronta para ser desembolsada. Já estava com o telefone do cara do Jeep Willys separado quando minha mãe me chamou, esbaforida:

– Nathalia, é a sua tia Jane no telefone!

Tia Jane é minha madrinha de coração, irmã mais nova da minha mãe e a responsável por eu querer fazer medicina durante muito tempo. Sem que eu soubesse, ela pagou um consórcio automotivo com o objetivo de me presentear quando eu completasse 18 anos. Só descobri que esse negócio de consórcio pode ser uma furada bem mais tarde. Se fosse hoje, eu jamais permitiria que tia Jane entrasse em um consórcio para mim. Mas acredite: ela foi contemplada meses depois que eu comemorei meus 18 anos. A carta do consórcio me dava direito a escolher um carro de até 12 mil reais. Peguei um Ford KA seminovo, totalmente pelado, e não gastei nenhum centavo a mais. Ele só precisava me levar aonde eu quisesse.

Muitas vezes, quando falo sobre esse episódio, ouço reações do tipo:

"Assim fica fácil conseguir realizar seus sonhos! Queria ver se não tivesse titia para te dar um carro."

Se isso nem passou pela sua cabeça, anime-se: você já está mais perto da cura da dinheirofobia do que imagina.

Mas se por acaso pensou que eu sou uma filhinha de papai e não tenho moral para ensinar ninguém (já que tenho uma madrinha que fez o possível para me dar um presente), você ainda precisa aprender algumas coisas para se curar dessa doença.

A verdade é que o presente veio em boa hora e sou muito grata à minha tia Jane pela generosidade. E ponto final.

Eu até poderia esconder essa passagem da minha história para ficar mais próxima do público que não teve a mesma sorte que eu, mas isso não seria justo com minha tia, que só pôde me dar esse presente porque passou anos trabalhando em três prontos-socorros municipais diariamente. Lembre-se: gratidão é um dos passos para ter mais dinheiro. Mas isso é assunto para o último capítulo.

Com a grana que eu tinha juntado, fiz meu primeiro investimento – um plano de previdência privada – e comecei a estudar maneiras de multiplicar esse dinheiro.

Passo 2. Tenha objetivos claros.

QUANDO A GENTE TEM um objetivo, poupar se torna muito mais fácil, racional e, sobretudo, estimulante.

Você tem um objetivo?

Na prática, todos nós temos muitos ao longo da vida. Não estou falando de objetivos espirituais ou abstratos, do tipo "me tornar uma pessoa mais paciente", e sim daqueles que podem ser atingidos com um bom planejamento financeiro: um curso que só tem em Berlim; uma casa para os seus pais; um escritório do jeitinho que você sempre quis. Às vezes, é possível "dividir" grandes objetivos em etapas menores e ir conquistando uma por uma. É como se você fosse um mestre de obras, seu grande objetivo fosse construir um prédio e o material à sua disposição fosse o dinheiro que você precisa para realizar essa obra. O que importa é ter um objetivo autêntico, importante e justificável.

Autêntico: porque partiu de você o desejo de ter aquele produto, consumir aquele serviço ou realizar aquele sonho.

Importante: porque faz diferença para você ter aquilo.

Justificável: porque não se trata de mais um relógio, celular ou carro que você resolveu comprar ao ser seduzido por uma propaganda ou ver outras pessoas comprando. Não é algo que você quer apenas porque todos os seus amigos têm (comportamento de manada). Um objetivo justificável é algo que faça sentido, que tenha significado para você e para a sua vida. A pergunta de 10 milhões de dólares é: o que esse bem material ou serviço vai me proporcionar que é tão importante para mim?

Se todo mundo se fizesse essa pergunta crucial – e respondesse honestamente – antes de sacar o cartão de crédito ou de débito, haveria muito menos endividamento no mundo, principalmente no Brasil. Essa resposta nos aproxima do nosso *propósito*, esse, sim, um conceito mais abstrato, porque conversa diretamente com os nossos *valores*. Calma: já, já vamos falar sobre isso e esse papo zen vai ficar claríssimo para você. Por enquanto, quero apenas que você entenda o seguinte: meu objetivo de ter um carro estava ligado ao meu sonho de ter mais liberdade, algo que aprendi a valorizar e a desejar ainda na infância.

Acho engraçado que uma das coisas que eu mais ouço é: "Meu sonho é ter um carro daqueles conversíveis, bem caros." Sabendo que sou adepta dos grandes objetivos, a pessoa chega toda empolgada para me contar isso. Eis que solto a pergunta para a qual ela não estava preparada: "E por que esse carro é tão importante para você?"

Nesse momento, vejo nos olhos dela uma expressão contrariada.

Silêncio...

"Você não sabe por que quer um carro?", insisto, com uma cara de pau que deve dar raiva.

Mais silêncio. (Adoro essa parte.)

As pessoas querem consumir, querem muito, o tempo inteiro, só não sabem por quê. O fato, que já pude comprovar ao longo dos anos em que ensinei as pessoas a cuidarem melhor do dinheiro, é que, enquanto não souberem exatamente para que querem aquele carro, apartamento, viagem, etc., correm dois riscos: não conseguir alcançar o objetivo e frustrar-se (e ainda colocar a culpa em alguém); ou conquistar e enjoar duas semanas (ou menos) depois.

Se você já teve a experiência de comprar algo do qual se arrependeu no dia seguinte, sabe do que estou falando.

Ter clareza dos próprios objetivos é fundamental – mesmo que, para os outros, eles pareçam esdrúxulos. Comece fazendo uma lista. Escreva o que bem entender, pode pirar à vontade. Por exemplo, até outro dia, na minha lista tinha... uma ilha. Esse é um sonho meu desde a adolescência, quando fazíamos um bate e volta ao litoral de São Paulo. Por que eu queria uma ilha? Para ter uma praia só minha e da minha família, dar uns rolés de jet ski, fazer festas incríveis. Quando resolvi que teria uma ilha, eu morava com meus pais e minhas irmãs num apartamento de 80 metros quadrados no Bosque da Saúde, em São Paulo. Mas, como sonhar grande dá o mesmo trabalho que sonhar pequeno, sonhei com a tal da ilha durante um bom tempo. Hoje eu descobri que é possível alugar uma ilha para um fim de semana no Airbnb sem ter que hipotecar a vida. Bom, voltando ao ponto: a questão é perguntar a si mesmo o que é preciso fazer para que uma ilha caiba no seu planejamento e, então, criar uma estratégia para chegar lá.

Há alguns sinais que nos ajudam a separar os objetivos realmente importantes daqueles que são apenas "acessórios". Um deles é a disposição de acordar todos os dias com o maior gás para trabalhar, superando os obstáculos e as tentações que aparecerem no caminho. Eu chamo isso de Força T – T de Tesão. A pessoa acorda e pensa: "Vou batalhar porque meu objetivo é mais importante do que tudo. Vou abrir mão de beber com os amigos, vou comprar roupa em brechó, vou me virar nos 30 e encontrar uma maneira de ganhar mais dinheiro." Tudo em nome de conquistar aquilo que deseja.

Acontece que perseguir um objetivo importante e genuíno, ancorado em um propósito que tem a ver com os nossos valores, exige escolhas e renúncias. E, às vezes, as escolhas mais difíceis e dolorosas estão relacionadas às pessoas que amamos.

Sempre há uma perda quando desejamos conquistar algo que está além de nossas possibilidades hoje. Intuitivamente, eu já sabia disso, mas há alguns anos, durante um longo e rico processo de coaching, fui apresentada a um diagrama que me ajudou muito a fazer essas escolhas e a suportar a dor das renúncias. Explico, usando uma das decisões mais difíceis da minha vida como exemplo: meu pedido de demissão de um emprego dos sonhos, com um salário de cinco dígitos.

Durante o coaching, precisei me perguntar o que ganharia e o que perderia se deixasse meu emprego de repórter de uma rede nacional de TV. Para ajudar você a pensar nas suas decisões, compartilho aqui o diagrama que utilizei nessa reflexão.

Diagrama de ganhos e perdas

Quais são os seus benefícios (motivadores e sabotadores, ganhos e perdas)?

O que você ganhará se obtiver isso? (motivadores / prazer)	**O que você perderá se obtiver isso?** (sabotadores / dor)
O que você ganhará se não obtiver isso? (sabotadores / prazer)	**O que você perderá se não obtiver isso?** (motivadores / dor)

Minimização das perdas (sabotadores / dor) O que você pode fazer para minimizar as possíveis perdas?

Manutenção de ganhos (sabotadores / prazer ou ganhos secundários) O que você pode fazer para continuar tendo os atuais ganhos na nova situação?

Congruência sistêmica Esse objetivo ou resultado esperado afeta negativamente outras pessoas ou o meio do qual você faz parte?

Ajuste de objetivo Se a resposta à pergunta anterior for sim, o que você precisa alterar no seu objetivo para que afete positivamente outras pessoas ou o seu meio?

Fonte: Sociedade Brasileira de Coaching

Comece sempre listando os motivadores, ou seja, os benefícios da decisão que você pretende tomar. No meu caso, pensei assim: "Se eu pedir demissão, terei mais tempo para dedicar ao meu negócio e ao meu objetivo, que é ajudar as pessoas a ganhar dinheiro e sair da merda. Assim, meu sonho pode ser alcançado mais rapidamente." Esse é o meu motivador de prazer. Ele me entrega, logo de cara, um bom motivo para decidir a favor da demissão. Depois, pense na outra categoria de motivadores – aqueles que trazem alguma dor. O que perderei se pedir demissão? Segurança, uma carreira promissora, estabilidade financeira e status.

Agora, reflita sobre os elementos sabotadores – aqueles que têm potencial para te fazer desistir. É preciso tomar cuidado, pois muitas vezes eles também parecem trazer benefícios. Para identificá-los, tente responder à seguinte pergunta: o que eu ganho se não fizer isso? Ora, se eu não pedir demissão, não terei que trabalhar igual a uma camela, não vou ter que enfrentar o desconhecido e não vou correr nenhum tipo de risco. Vou ficar na minha zona de conforto. Por outro lado, o que perderei se permanecer no meu emprego? Crescimento, autoconhecimento, uso de minhas capacidades na máxima potência, possibilidade de mudar a vida financeira das pessoas.

Pedi demissão.

Certa vez um amigo me perguntou qual era o meu ponto de vista sobre a carreira dele. O cara era muito competente, estudioso, bom profissional, mas nunca recebia uma promoção. Fizemos juntos esse exercício de perdas e ganhos e ele descobriu que seus maiores sabotadores eram os próprios filhos. Cada vez que um trabalho extra aparecia, as crianças choravam e pediam a presença do pai. A culpa o impedia de trabalhar com mais dedicação. Ficou claro que com aquele sentimento ele jamais conseguiria dar um passo adiante.

"Mas o cara vai deixar os filhos pela carreira? Que monstro!"

Calma, não é tão simples assim. Já falo sobre a solução que ele encontrou.

Quando a gente coloca no papel todos os motivadores e sabotadores de nossos objetivos, fica mais fácil tomar decisões. E não apenas isso. Com essas informações na mão, dá para pensar em estratégias para minimizar as perdas. Meu amigo, no caso, chamou a família para uma conversa, explicou às crianças que teria que ficar fora de casa um fim de semana por mês e comprometeu-se a passar um dia de folga fazendo o que elas quisessem.

Imagine, por exemplo, que uma família decidiu passar o Natal na Disney. Acontece que, para isso, todos terão que abrir mão de alguma coisa. É a hora de entrar com a estratégia: e se, em vez de almoçar em um restaurante no domingo, organizarem um baita piquenique gastando muito menos? Quando estamos conscientes dos efeitos negativos dos nossos objetivos, conseguimos criar um ambiente favorável para que as questões que poderiam nos puxar para baixo não limitem a conquista dos nossos sonhos!

Muitas vezes, o maior inimigo das suas conquistas é você mesmo. Você vai entender isso melhor depois de ler a história a seguir.

Uma vez, na redação do canal de TV em que eu trabalhava, ouvi duas colegas tendo uma conversa bem complicada – ao menos do meu ponto de vista. Uma delas estava disposta a emprestar o cartão de crédito à empregada doméstica para que comprasse uma geladeira de duas portas, lindona, de inox – *igualzinha à que ela havia acabado de comprar.*

Ouvir aquilo me doeu. Eu só pensava: será que essa geladeira é realmente o sonho de consumo dessa mulher? Será que ela não quer uma casa, mas, por achar que uma casa não é possível, se apega a esses bens que a loja permite parcelar? Será que ela não está encarando a geladeira caríssima apenas como um símbolo de status? Eu quase podia ler o balãozinho do pensamento dela: "Olha, eu quero ter a minha casa, mas, enquanto não consigo, deixa eu comprar essa geladeira que custa 3 mil reais e posso parcelar em 20 vezes, porque isso me aproxima daquela realidade que eu não posso ter. Ao mesmo tempo, provo para meus vizinhos, meus familiares e meus amigos que posso ter uma geladeira tão chique quanto a da patroa. Casa eu ainda não tenho, mas olha a minha geladeira!"

A maioria das pessoas simplesmente não percebe que, ao comprar bens de consumo que emprestam algum status, está deixando de aplicar dinheiro e tempo naquilo que é realmente importante, adiando – e talvez até renunciando a – seus objetivos mais preciosos. É o que eu chamo de empobrecer aos poucos tentando parecer que é rico.

Voltando às colegas, elas me perguntaram o que eu achava.

Naquela época, era muito comum me chamarem de chata, muquirana e desmancha-prazeres. Então, eu só dava palpite quando me pediam. E, como me pediram, sugeri que pesquisassem as lojas que vendiam eletrodomésticos com pequenas avarias – uma batidinha na porta, por exemplo – e grandes descontos. Várias redes fazem isso.

"Ai, Nathalia, lá vem você com essas coisas", disse uma das meninas. "Se a mulher quer ter uma geladeira, deixa ela ter a geladeira perfeita! Vou emprestar o cartão para ela."

Ainda tentei argumentar: "Se ela precisa do seu cartão de crédito para comprar a geladeira, é porque não tem capacidade para comprar com a própria renda. Não era melhor você, que tem mais discernimento e informação, mostrar qual será o impacto dessa compra parcelada na vida financeira dela? Quantas pessoas a sua empregada sustenta? Será que ela não quer isso só porque você tem?"

Elas acharam que eu estava negando à empregada o direito de possuir uma geladeira bacana.

Pela minha ótica de planejadora financeira, elas estavam negando à mulher uma oportunidade de autoconhecimento e educação financeira. Ou seja, um passaporte para uma vida melhor, e não apenas uma geladeira.

Isso nos leva ao próximo assunto: para definir objetivos verdadeiros e justificáveis, amparados por um propósito que nos permitirá viver uma vida mais plena, precisamos de autoconhecimento. Só quando nos conhecemos bem é que conseguimos ter clareza sobre o porquê de desejarmos tanto uma determinada conquista. E é essa clareza que vai nos levar aos 4 Fs da Riqueza:

- **F1 – Foco.** É outra palavra para "objetivo". Saiba para onde você vai. Quem não sabe para onde vai não chega a lugar nenhum.
- **F2 – Fé.** Não é ajoelhar e rezar. Não tem nada a ver com religião. É acreditar no seu taco e, a partir disso, traçar planos para fazer acontecer.
- **F3 – Força.** É bem possível que as pessoas considerem seu sonho uma loucura, que digam que você não tem conhecimento nem bagagem para realizar o que pretende. Imagine quantas pessoas disseram que eu estava maluca quando resolvi pedir demissão da segunda maior emissora do país para viver de educação financeira. O importante é ter determinação para não desanimar e coragem para assumir os riscos.
- **F4 – Foda-se.** Não tenha medo de colocar o quarto F em ação, ainda que seja apenas mentalmente. O Foda-se pode ser libertador e ainda tem poderes analgésicos. Use-o toda vez que tentarem diminuir o seu potencial ou a sua disposição para ganhar dinheiro. Quando te falarem "Eu acho que você não tem condições de fazer isso", agradeça a colaboração e mentalize em letras garrafais: FODA-SE. Funcionou comigo.

A soma desses quatro Fs é essencial para prevenir a instalação de um quinto (e indesejável) F: a Frustração.

Pronto para o próximo passo?

CAPÍTULO 3

Muquirana é a PQP

Elegendo prioridades para conquistar seus sonhos

Eu tive muitas crises de adolescente e vivi intensamente todas elas. Porém, a cada crise, eu me refugiava na calculadora e na busca do meu objetivo número 1: o carro. Parecia passar mais rápido assim. O problema era o seguinte: ao mesmo tempo que eu estava decidida a poupar para desfrutar da liberdade que o carro iria me proporcionar um dia, queria algumas coisas imediatamente. Não podia viver só para o futuro. Para começo de conversa, logo no início da adolescência eu era feia de doer, o cão chupando manga (há provas). A típica criança bonita que se tornou uma adolescente horrorosa: dentuça, com cabelo arrepiado, magrela, sobrancelhas grudadas – aquelas "monocelhas". Na época, eu sofria muito bullying na escola, embora bullying ainda não tivesse esse nome.

Era um grande dilema. Como é que eu iria levar uma vida de adolescente normal se tudo o que caía na minha mão entrava direto no cofre?

Foi quando descobri que poderia usar a criatividade para economizar.

Comecei fazendo meus estojos, depois passei a produzir minhas capas de agenda, a criar minhas pastas de papel de carta (que eu tanto amava) e, mais adiante, a costurar as minhas roupas. Saía com a minha mãe para comprar tecidos (ela pagava) e eu mesma fazia as peças. Aprendi corte e costura e, embora não fosse o meu maior talento, o fato de estar em uma fase hippie ajudava: minhas roupas tinham, digamos, um toque rústico, mas eu gostava do resultado e usava feliz. Visitava o guarda-roupa da minha mãe à procura de peças que ela não queria mais e customizava para mim.

Foi mais ou menos nessa época que comecei a frequentar brechós. Adorava! Uma vez encontrei um casaco lindo por 6 reais; comprei, claro, e mostrei com muito orgulho para as minhas colegas. "Credo, Nathalia, em brechó só tem roupa de morto!", disse uma delas. Eu dei risada e pensei comigo: "Então meu cofrinho só tem a agradecer ao morto!" Esse tipo de comentário depreciativo entrava por um ouvido e saía pelo outro. Para mim, o que valia é que eu estava me sentindo bem, na moda, e que o casaco era um baita de um achado.

Certa vez, vi uma pilha de roupas sobre a cama de uma amiga quando fui visitá-la.

– Você vai fazer o que com isso? – perguntei.

– Doar! – disse ela.

Não tive dúvida. Escolhi três peças da pilha e disse que queria comprá-las.

– Quanto você quer por elas? – perguntei.

– Imagina, Nathalia. Eu não uso, pode levar.

A grana economizada com aquelas roupas teria destino certo: meu carro! Foco, Força, Fé e Foda-se. Nunca mais se esqueça disso.

Sei que algumas pessoas achavam esquisito, mas eu realmente não me importava. Afinal, meu cofrinho ficava mais cheio a cada dia. Do meu jeito, acabei conseguindo tudo o que uma adolescente da minha idade queria ter e ainda estava poupando para o meu objetivo maior.

Arrumar o meu cabelo foi a parte mais difícil. Ele era rebelde e eu o detestava. Gastar dinheiro com cabeleireiro e produtos de alisamento estava fora dos meus planos e eu sabia que precisava arranjar uma alternativa. Então pedi de presente de aniversário um secador de cabelos, aprendi a fazer escova sozinha e economizei uma fortuna (até hoje economizo). Com depilação foi a mesma coisa: comprei um aparelhinho roll-on e passei a depilar as pernas em casa. Na terceira depilação doméstica, o aparelho se pagou.

Antes de comprar qualquer coisa ou pagar por um serviço, o que quer que fosse, eu me perguntava: "Será que existe um modo mais barato de ter/fazer isso?" Em geral, existia. Então corria atrás. Ao mesmo tempo, eu era perfeitamente capaz de identificar o que não conseguiria fazer direito e, nesse caso, recorria a ajuda profissional. Manicure, por exemplo, nunca levei o menor jeito. Por pura falta de habilidade, sempre pago para fazerem minhas unhas.

Outro talento que descobri nessa época foi o de pechinchar. Nunca tive vergonha de pedir desconto. Eu era (sou) a chorona, o terror dos vendedores. É quase um dom artístico. Desenvolvi habilidades e técnicas para pagar sempre o mínimo possível por algo que eu quero. Recorria ao gerente. Usava as palavrinhas mágicas: "Tenta para ver se o sistema aceita." Aprendi a nunca perguntar se tem desconto, mas a dizer direto: "De quanto é o desconto?" Quando não funcionava, eu tinha uma arma secreta: "Puxa, nunca comprei nesta loja. É a primeira vez, me dá um desconto para fidelizar a cliente!"

Você ainda duvida se vale a pena tanto esforço por um descontinho? Quem vai responder são os números. Recentemente fiz as contas aproximadas de quanto consegui de desconto nos últimos dez anos. Claro que é impossível saber com exatidão, já que peço desconto até para comprar garrafinha de água no camelô. Mas, colocando na ponta do lápis apenas os itens de maior valor, como o meu apartamento, os carros que comprei ao longo da vida, os cursos que fiz, os eletrodomésticos, materiais de construção e móveis, além de presentes de casamento e aniversário para as pessoas mais próximas, foram aproximadamente 200 mil reais. "Minha nossa! Isso é porque você é rica!" Acredite: a maior parte dessa economia aconteceu quando eu ganhava menos de três salários mínimos.

Lembre-se sempre: quem não chora não mama – e também não recebe desconto.

Meu segundo e atual marido, o maior amor da minha vida, diz que é um prazer acompanhar as minhas negociações. Nossa primeira compra juntos foi um aparelho de ar-condicionado. Olhamos o preço na internet e fomos até a loja mais próxima. O mesmo produto custava 40% mais na loja.

– Vamos embora. Eu disse que era melhor comprar pela internet e pagar o frete – disse ele.

Meu marido ainda não havia sido iniciado no que eu chamo de visão de longo alcance. Chamei uma vendedora, mal-humorada que só. Nada feito. No momento em que ela se afastou, fui até um balconista e perguntei:

– Quem é o melhor vendedor desta loja?

Lá estava ele, todo sorridente, enquanto eu me aproximava.

– Fiquei sabendo que você é o melhor vendedor desta loja e o que fatura mais que todos. Quero ver se vai conseguir me ajudar!

Pronto. O desconto era meu. Saímos de lá com o mesmo ar-condicionado, pagando 10% menos que o preço do site. Ou seja: um desconto de 36% no preço cheio do produto. Tenho certeza de que foi ali que meu marido soube que queria ficar comigo para sempre.

Sou movida pelos meus objetivos. Sem dúvida, esse é um dos hábitos que mais colaboraram para a minha saúde financeira. Não são os produtos que me escolhem, eu escolho os produtos e pesquiso muito antes de comprar. Ir ao shopping e me deixar levar pelo impulso de uma bela vitrine é algo que experimentei pouquíssimas vezes na vida. Meu cérebro é incapaz de compreender os motivos de comprar algo que eu não queria ou de que não precisava antes de sair de casa. Quando desejo alguma coisa, comparo os valores em todos os canais possíveis: internet, brechó, bazar da igreja. Tem casamento para ir em setembro? Começo a procurar a roupa três meses antes, pergunto se alguém tem para emprestar, faço o circuito de brechós, esgoto todas as possibilidades para aí, sim, se for necessário, comprar de forma mais inteligente ou alugar, no caso de vestidos de festa.

Claro que esse meu jeito de ser, meio fora dos padrões, me colocou várias vezes no centro de algumas discussões. Era uma espécie de bullying adulto. As pessoas me chamavam de muquirana, mão de vaca e daí por diante.

O problema não eram os apelidos. Era o julgamento. Saber que tem gente julgando o fato de você preferir parar o seu carro de graça na rua e não no valet parking de 25 reais é um tanto quanto constrangedor. Não vou dizer que foi fácil lidar com isso porque não foi. Eu não entendia. Hoje entendo. Apesar de estar inserida em uma classe social considerada AB, eu tinha hábitos de classe C. Vivia com muito menos do que ganhava, estava sempre focada nos meus sonhos grandiosos, enxergava valor nas pequenas economias e evitava gastar com o que não fazia a menor diferença – como o valet e a roupa de marca que, aparentemente, importavam muito para algumas pessoas próximas a mim.

O que há de errado em tirar um dia no ano para adquirir em um só lugar todas as roupas de que eu vou precisar, realizando uma compra que planejei para conseguir o maior desconto possível? As pessoas achavam que isso era ser muquirana. Para mim, muquirana é aquele que abre mão de seus desejos para poupar por poupar. Ele deixa de frequentar ambientes bacanas, de comprar um carro confortável, de se relacionar – tudo porque quer concentrar seu capital. Eu apenas busco formas mais inteligentes de alcançar meus objetivos e, assim, satisfazer meus propósitos. Nunca deixei de fazer o que era realmente importante para mim. A roupa é de brechó, mas a viagem espetacular para qualquer lugar do mundo está garantida todos os anos.

E com isso chegamos à lição máster deste capítulo: para definir prioridades e planejar sua vida financeira, você precisa de *autoconhecimento*.

Conhecer-se bem significa entender quais são seus valores e, com base neles, definir seus propósitos – ou seja, o que é realmente importante para você. Cada um de nós tem os seus valores. Eles vêm (deveriam vir) da nossa família e da nossa história, e encontram eco na nossa personalidade. Para mim, como você já sabe, a liberdade sempre foi o maior valor, seguida bem de perto pelo senso de justiça e pela necessidade de reconhecimento. Para muitas pessoas que conheço, é a segurança. Antes de qualquer coisa, você precisa saber o que é significativo para a sua vida e para a sua realização pessoal e profissional.

Por isso deixei uma listinha com seis palavras no quadro a seguir. Cada uma delas representa um valor financeiro, ou seja, um sentimento que está intimamente conectado às suas crenças e à educação que você teve em relação ao dinheiro. Você pode acrescentar outras, se quiser. Sua tarefa será criar uma ordem de importância para os valores. Coloque o número 1 no valor com o qual mais se identifica e siga numerando até chegar ao último colocado.

Quadro de valores

- Liberdade
- Segurança
- Status
- Respeito
- Reconhecimento
- Amor

Identificar os valores conectados ao dinheiro é o primeiro passo para ter uma relação mais saudável com a sua vida financeira. Depois que você se conecta com o seu "eu" financeiro, uma porta se abre diante de seus olhos. Explico: uma pessoa que preza a liberdade em primeiro lugar e coloca a segurança em quinto pode passar a vida inteira frustrada mesmo tendo conquistado um carro e uma casa frutos de financiamento. Ela estaria sendo ingrata consigo mesma? Nada disso. Apenas não se conectou com os próprios valores. A casa e o carro próprios representam segurança, estabilidade, um valor que estava em quinto lugar na hierarquia dela.

O dinheiro é o meio, jamais o fim, mas sem ele jamais conseguiremos alcançar a liberdade, a segurança e até mesmo a humildade que de fato nos completa.

Dinheiro pode trazer felicidade, sim. Desde que você saiba o que te faz feliz.

Descubra quais são os seus pontos fortes e trabalhe para intensificá-los. Saiba também quais são as suas fraquezas, mas apenas observe-as para evitar que derrubem você. Não dê importância excessiva ao que não sabe fazer. Eu nunca soube montar uma planilha. Sofri por isso? Jamais. Cuidei de aperfeiçoar o que eu tinha de melhor: a capacidade de poupar e investir. Quando somos crianças, é comum os pais falarem "Você é muito ruim nisso ou naquilo", como se a nossa vida dependesse daquela habilidade. Focar no que você faz de pior e remar contra a maré não vai te levar muito longe. Concentre-se no que você faz de melhor e prepare-se para surfar as ondas gigantes. Hoje em dia é cada vez mais raro as famílias conversarem sobre princípios e valores dentro de casa. É por isso que tem tanta gente desperdiçando energia e dinheiro em conquistas sem importância.

Quando você se conhecer melhor, aplicar a técnica dos 5 Qs vai parecer brincadeira de criança. Mas já pode ir treinando:

Os 5 Qs do Consumo Consciente

O que você quer? Objeto/atividade
Para quê? Propósito, que necessariamente vai combinar com os seus valores.
Quando? O prazo que você deu a si mesmo para resolver essa parada.
Quanto? Preço atual do item de desejo e valor que precisará ser poupado mensalmente para atingir a meta. Quanto você já tem?
Quem vai pagar? Do bolso de quem a grana vai sair?

Vou dar um exemplo de como funciona: eu quero comprar um apartamento (o que) porque ter um imóvel próprio me trará segurança (para que – entendeu o tal do propósito?). Custa 150 mil reais (quanto) e o dinheiro sairá do meu bolso (quem), por meio de um planejamento de poupança e investimentos mais rentáveis para os próximos cinco anos (quando).

Esse roteirinho foi preparado para ajudar no processo de decisão. É um guia de planejamento para a compra consciente. Quando as pessoas fazem as perguntas com os 5 Qs, podem avaliar melhor se vão conseguir pagar por aquele objetivo que desejam e de quanto tempo vão precisar para juntar o dinheiro. Planejamento é fundamental. E ter senso de prioridades também.

Passo 3. Cuide do autoconhecimento. Só quem se conhece bem consegue definir prioridades e planejar a vida financeira.

ESTOU DECIDIDA A AJUDAR você a enriquecer ainda nesta vida. Com base na minha história, tenho convicção de que isso é possível mesmo que você não tenha nascido em berço de ouro, que esteja em dificuldades ou que não tenha um real na carteira hoje. Mas, para que isso aconteça, você vai ter que me dar uma ajudinha. Aliás, uma ajudinha a você mesmo.

Quando falo sobre autoconhecimento, eu me refiro a procurar saber o que você realmente deseja, quais são seus propósitos, o que motiva você a seguir em frente e conquistar seus objetivos. No entanto, aqui vamos colocar o foco na sua vida financeira. Por isso, quero propor um exercício bem simples e prático, que levará você a mergulhar sem medo no estranho e assustador poço das suas finanças pessoais (estou chamando de poço, mas pode ser que não seja, então desculpa aí se interpretei mal o fato de você estar lendo este livro).

Conheço muita gente que sabe que tem problemas com dinheiro e trata o assunto fazendo de conta que tudo vai se resolver com um passe de mágica. Eu tenho uma má notícia: não existe mágica que conserte uma vida financeira zoada. (Olha que estou lendo o balãozinho: "Não acredito que comprei este livro pra ouvir desaforo!")

Sinto muito se destruí suas ilusões, mas é para o seu próprio bem. A única maneira de resolver a situação é olhar o problema de frente, ou melhor, em profundidade.

Assim como o médico pede um raio X do paciente, eu, que sou a sua especialista na cura da dinheirofobia, preciso que você faça uma radiografia da sua vida financeira. Já vou avisando que esse exame é daqueles meio chatinhos de fazer. Mas é só assim que a gente vai conseguir enxergar o tamanho do buraco, digo, da encrenca... Ah, você entendeu.

Nosso raio X será dividido em três etapas:

1. Descobrir quanto de dinheiro entra no seu bolso;
2. Descobrir quanto de dinheiro sai do seu bolso;
3. Descobrir o montante de dinheiro que está trabalhando para você.

Tem caneta por perto? Então vamos começar. Com a coragem dos super-heróis, preencha o quadro a seguir.

Quanto eu ganho mesmo?

Às vezes a gente acha que sabe quanto ganha, mas é só quando coloca no papel que descobre a realidade...

FONTE DE RENDA	PERIODICIDADE	VALOR	DESCONTOS	TOTAL

MÉDIA MENSAL TOTAL:

Se você estiver entre aqueles felizardos que têm um holerite ou contracheque, fica fácil descobrir quanto ganha de fato. Não leve em conta o salário bruto, mas sim o que sobra no bolso depois dos descontos. Basta olhar para o campo, em geral magrinho, onde está escrito "Líquido". Ele é a diferença entre o valor bruto e a soma do que você paga de imposto de renda, INSS, plano de saúde e demais mordidas, se houver. O campo "média mensal total" refere-se à soma dos valores líquidos das diferentes fontes de receita que você possa ter. Se tiver apenas o salário, a média mensal total será o valor líquido que aparece no seu holerite.

Se você for autônomo e tiver rendimento variável, faça uma média dos últimos três meses. Some todos os ganhos desse período e divida por 3.

Use seu extrato bancário para ajudar, caso não tenha uma planilha de controle (algo que eu recomendo fortemente que faça).

Agora vem a parte mais dolorosa. E não adianta fugir dela: você tem que saber a extensão do problema. Vamos lá. Quanto você gasta?

Ui! Esta vai doer...

Lista de gastos: coloque no papel todos os seus gastos mensais, inclusive parcelas e dívidas, se tiver.

- alimentação em casa
- alimentação fora de casa
- aluguel
- beleza
- carro (financiamento / combustível / manutenção/ seguro / impostos)
- cursos / capacitação
- escola
- financiamento de imóvel
- lazer
- presentes
- produtos de higiene pessoal
- roupas
- saúde
- supermercado

Se você preferir – acho uma ótima ideia –, vá até o blog mepoupenaweb, entre no item planilhas e baixe a custo zero uma sensacional, utilíssima e interativíssima planilha de gastos mensais que pode mudar sua vida. Com ela, você vai saber exatamente o que sobra (ou não) depois de pagar todas as suas contas.

Agora, depois desse momento puxado, vamos dar um respiro. Sua missão no próximo exercício é deliciosa: você só tem que preencher esse quadrinho revitalizante que informa quanto dinheiro trabalha para você. Estou falando daquelas reservas bem investidas, em fundos seguros e rentáveis ou no meu amado Tesouro Direto (daqui a pouco falaremos sobre ele). Essas reservas engordam todos os meses graças ao dinheiro que você poupa e aplica religiosamente, e à ação maravilhosa do meu filho, o Juro Composto, que já, já você vai conhecer melhor.

Dinheiro que trabalha para mim

Se você não tem nada para colocar aqui, este livro veio bem a calhar!

TIPO DE INVESTIMENTO	APLICAÇÃO MENSAL	VALOR TOTAL

TOTAL APLICADO POR MÊS:

TOTAL INVESTIDO:

(Cri, cri, cri – é esse o barulhinho que estou ouvindo?)

Você não tem nada a declarar?

Então vou falar a verdade. Era exatamente isso que eu esperava que acontecesse. A maioria dos brasileiros não tem nenhum dinheiro trabalhando para eles. Poucos conseguem fazer sobrar alguma coisa no fim do mês. Muitos se endividam para pagar as contas básicas. Faço workshops por todo o país e esse quadro é campeão de falta de audiência: quase ninguém preenche. Portanto, você não está sozinho. E, olhando pelo lado positivo, está no lugar certo, lendo este livro 100% comprometido com o seu sucesso e a sua riqueza e refletindo sobre as estratégias para sair definitivamente do buraco e nunca mais entrar nele.

Passou a deprê?

Você pode desistir agora e comprometer-se com a mesma vida que tem hoje. Se é isso que deseja, feche o livro e nunca mais me apareça por aqui.

Caraaaaaca! Você continua lendo? Sinto cheiro de riqueza. Parabéns pela decisão de evoluir!

Agora vamos para a última etapa do exercício. Preencha os quadros abaixo para ter uma fotografia da sua vida financeira hoje e não se esqueça de colocar a data. Refaça o exercício após a leitura completa deste livro. Se você tiver seguido todos os passos, a evolução da sua vida financeira ficará escancarada neste quadro. Lembre-se: eu não faço milagres. É você quem está no controle. Os méritos – e o dinheiro no bolso – são seus.

EU GANHO	EU GASTO	EU INVISTO

Data: ____________________

Bom, não sei exatamente como você está se sentindo neste momento, mas, pela minha experiência, quando alguém descobre que sua situação financeira não é nada boa, bate uma certa tristeza mesmo. É normal. Mas, para mim, o mais importante é que você tenha chegado até aqui, olhado corajosamente para o seu problema e decidido que é hora de virar a mesa.

A sua capacidade de encarar as dificuldades e dar uma guinada na vida está intimamente ligada aos seus sonhos mais extravagantes. Aqueles que você não conta para ninguém. São esses sonhos que vão servir de estímulo para tirar você da lama e criar uma vida financeira da qual se orgulhará.

Na próxima etapa deste exercício, tudo o que você precisa fazer é anotar o sonho que pretende realizar (pretende, não; VAI realizar), tendo em mente três elementos: o cenário atual (esse você já tem, e talvez não seja o que gostaria), o cenário desejado e a estratégia para chegar até ele. Mais ou menos assim:

Gosto muito de separar os meus objetivos em metas, metinhas e metonas, como no quadrinho a seguir. Lembre-se de que estamos falando de metas *financeiras*, combinado? Não é se acertar com o crush nem ficar com abdome tanquinho.

Sonhos selvagens!

SUCESSO = UM SONHO DE CADA VEZ!

CURTÍSSIMO
(PARA HOJE!)

CURTO
(ATÉ 2 ANOS)

MÉDIO
(2 A 5 ANOS)

LONGO
(5 A 10 ANOS)

LONGUÍSSIMO
(MAIS DE 10 ANOS)

As metas curtíssimas são para hoje. Precisa comprar uma bolsa? Quer viajar no último fim de semana do mês que vem? Então isso precisa virar metinha! Assim, quando qualquer desejo momentâneo surgir, você será capaz de avaliar e pensar: "Essa é a minha meta para agora? Estou trabalhando e me esforçando para comprar/fazer isso? De que forma esse objeto ou essa experiência vai me afastar do meu sonho maior?"

Veja que assim é você quem está no controle, não a vitrine do shopping.

As metinhas podem ser bem pequenas mesmo. É um erro não tratar o cafezinho depois do almoço como uma meta, e pior ainda é culpar o coitado pelas mazelas da sua vida financeira. O problema não é o café. É a sua falta de planejamento para que ele caiba no seu orçamento. Tem gente que abre mão do cafezinho depois do almoço por julgar que é "caro demais", apesar de ser um prazer que gostaria muito de ter. Enquanto isso a pessoa está pagando uma grana para a academia que não frequenta há meses. Uma análise mais profunda dos próprios gastos seria o suficiente para perceber que o café está sendo deixado de lado por causa da academia, que está consumindo apenas dinheiro em vez de calorias. Anote aí: café, baladas, roupas e qualquer outra atividade ou pequeno sonho de consumo que você queira esta semana/este mês são considerados metas de curtíssimo prazo. Lembre-se sempre delas.

As metas de curto prazo são aquelas um pouco maiores, que exigem mais planejamento e podem ser realizadas no prazo entre um e dois anos, como comprar um computador, fazer uma viagem de férias, etc.

Já as metonas são as metas-mães. São as mais longas e também as mais difíceis, do tipo "comprar a casa própria" ou "juntar dinheiro suficiente para só trabalhar se eu quiser".

E o que fazer depois que definir todas essas metas? Escreva, escreva, escreva. Seja um *heavy user* – um viciado mesmo – do quadro dos sonhos selvagens, recorrendo a ele sempre que suas metas se renovarem. Quando a gente escreve, não esquece. Quer mais? Recorte. Pregue na geladeira. Na cabeceira da cama. Não deixe as metas escaparem do seu radar.

Tenho outra dica sensacional para ajudar você a ficar firme no cumprimento das suas metas, metinhas e metonas. É uma estratégia que eu mesma inventei e que funcionou muito bem para mim. Você quer comprar um carro? Então coloque uma foto do carro que deseja no descanso de tela do computador ou do celular (se for no celular, melhor ainda, porque ele está o tempo todo com você e, a cada vez que cismar com uma compra não planejada, terá que encarar seu sonho te dando um tchauzinho, ficando cada vez mais distante – e, pior, trocado por um objeto ou serviço que nem era tão importante assim).

Historinha-bônus: eu transformei o logo do canal Me Poupe! em descanso de tela do meu celular dois anos (isso mesmo, DOIS anos) antes de o canal começar a bombar. Ele nem existia ainda, e meus amigos achavam muito esquisito, mas foi uma decisão poderosa para eu manter o foco no meu propósito, que era (e continua sendo) ter minha independência e, ao mesmo tempo, ajudar a consertar a vida financeira dos brasileiros!

Por fim, preciso que você entenda que há uma diferença enorme entre meta e promessa. Eu não quero que você prometa nada.

Exemplo de promessa: vou pagar todas as minhas dívidas e guardar dinheiro no próximo ano.

Exemplo de meta: vou renegociar minhas dívidas com base nas dicas que peguei neste livro MA-RA-VI-LHO-SO e então terei condições de poupar 100 reais por mês para pagar à vista a minha viagem de férias para Natal em dezembro do ano que vem.

Sacou a diferença?

Agora, olhe bem para o quadro a seguir. Espero que ele seja o primeiro de muitos que você ainda preencherá ao longo da vida, à medida que for identificando, perseguindo e conquistando seus objetivos. Não se esqueça de dar um nome para esse primeiro objetivo que você pretende (VAI) alcançar. E para o próximo. E para o próximo, e sempre, para cada um deles. Isso tem um efeito psicológico incrível, vai por mim. Depois responda, com a maior honestidade possível, que nota você dá à sua vida financeira e ao seu grau de comprometimento com os seus objetivos *hoje*.

Nome: ______________________________

Data: ____________

1. De **1 a 10**, quanto você está satisfeito com a sua vida financeira hoje? ____________

2. De **1 a 10**, que nota dá para o seu comprometimento com o seu planejamento financeiro pessoal hoje?

____

É bem possível (aliás, muito provável) que você não dê boas notas à sua vida financeira nem ao seu comprometimento atual. Não faz mal. Porém, à medida que for estabelecendo e cumprindo novos objetivos, você vai perceber como esses indicadores vão melhorar. Meninos e meninas, acreditem: ter objetivos faz milagres motivacionais, emocionais e financeiros!

Ah, não larga o livro agora, não, porque faltou dizer que toda meta precisa estar dentro do esqueminha SMART. Você sabe o que é isso? É um acrônimo em inglês para cinco itens fundamentais:

- **S** de *specific* (específico, ou seja, o que exatamente você quer)

- **M** de *measurable* (mensurável; é preciso ter uma forma de medir para saber se você está chegando lá, de quanto ainda precisa para atingir a meta)
- **A** de *achievable* (atingível; a meta precisa ser ousada, mas tem que ser possível)
- **R** de *relevant* (relevante; você tem que saber com muita clareza por que aquela meta é importante para você, e não para o seu pai ou a sua namorada)
- **T** de *time-bound* (prazo; toda meta que se preze tem um tempo para se tornar realidade).

Agora que você realmente sabe o que é uma meta de verdade, volte lá no quadro de metinhas, metas e metonas e veja se todos os seus objetivos se encaixam no esquema SMART. Só para reforçar, veja o exemplo a seguir enviado por uma seguidora do canal Me Poupe!.

- **Metinha:** Comprar à vista, em no máximo 9 meses, uma TV de 48 polegadas com tecnologia 4K, pagando no máximo 2.400 reais. Essa TV ficará na sala de estar para que eu possa assistir às minhas séries favoritas como se estivesse no cinema.
- **Metona:** Ter 1 milhão de reais investidos aos 45 anos, poupando em média 1.500 reais por mês, para garantir a minha sonhada independência financeira.

Repare que tanto a metinha quanto a metona preenchem todos os requisitos de uma meta verdadeira: são específicas, mensuráveis, atingíveis, relevantes para quem as criou e têm um prazo para acontecer.

Caso alguém queira dar palpite sobre suas metas, diga simplesmente: "Não se META com a minha meta!" É bem parecido com o quarto F, mas numa versão mais educada.

Uma constatação inescapável: a não ser que você ganhe na loteria ou seja herdeiro de uma fortuna, não há como ganhar dinheiro licitamente sem trabalhar. Você terá que pôr mãos à obra para juntar dinheiro e conquistar suas metas. Sendo assim, é bom saber que trabalhar por paixão dá melhores resultados. O que nos leva ao próximo passo para o seu enriquecimento ainda nesta vida.

CAPÍTULO 4

A Força T

Trabalhe por você e por paixão

Como você deve ter percebido, imaginar nunca foi problema para mim. Por causa dessa característica, desde pequena me via trabalhando nas mais variadas profissões. Já pensei em ser astrônoma, ufóloga (profissional que estuda objetos voadores não identificados, os óvnis), atriz e diplomata, entre outras. No entanto, naquele período fatídico pré-vestibular, eu estava em dúvida entre duas profissões superparecidas (só que não).

Medicina ou jornalismo?

Se o dinheiro tivesse me guiado, teria escolhido a medicina.

Minha madrinha, aquela pessoa linda que me deu o carro, é médica pediatra e sempre foi a minha referência de carreira bem-sucedida. Meu avô materno fazia questão de que eu estudasse para ser médica e honrasse o nome da família. Às vésperas do vestibular, ele me colocou contra a parede:

"Você vai fazer jornalismo para não ter onde cair morta? Faça-me o favor! Você é muito inteligente para desperdiçar esse talento sendo jornalista. Você precisa fazer medicina para ter dinheiro, ou não será ninguém na vida."

Em 2003, aos 18 anos, após ignorar completamente o conselho do meu avô e seguir meu coração, comecei a estudar jornalismo. Entrei na faculdade mais barata e perto de casa: Uni Fiam FAAM, do grupo FMU. Meus pais fizeram de tudo para bancar a faculdade das três filhas e me sinto grata todos os dias por ter tido esse privilégio e poder aproveitar essa oportunidade para crescer. Caso você não tenha a mesma sorte, recomendo fortemente os financiamentos estudantis. Algumas universidades possuem o próprio programa de financiamento e não é difícil encontrar boas condições de parcelamento. Muitas universidades "racham" a mensalidade com o aluno durante o curso e cobram a outra metade, sem juros, no mesmo período após a formatura. Ou seja: você estuda em quatro anos, mas paga em oito. Esse é um dos poucos financiamentos que eu indico, porque, ao contrário de um bem material, você está "comprando" valor de mercado – e valor de mercado equivale a dinheiro.

Escolhi fazer o curso que eu realmente queria e não ser escrava do dinheiro. Mas estava claro que, se eu quisesse realizar os meus desejos, precisaria dele e teria que encontrar uma maneira de ganhar bem fazendo o que eu amava.

Meu plano era bem simples. Eu moraria com meus pais durante a faculdade e procuraria um estágio remunerado. Olha a conta que fiz na época: se eu ganhar 1.500 reais por mês e viver com 500 reais, vou poupar 1.000 reais por mês. Em quatro anos de faculdade, terei 48 mil reais (e eu nem sabia dos juros compostos!). Haveria de ser suficiente para, com o diploma na mão, sair da casa dos meus pais e decolar em voo solo. Lembrando que eu já tinha meu carro e até dinheiro guardado. Tudo lindo.

Parecia um bom plano, mas aí veio o choque de realidade: os estágios em jornalismo pagavam em média 600 reais. Não ia rolar.

Se eu quisesse ser jornalista e sair da faculdade com boa parte de um apartamento paga, precisaria de outra estratégia. Fui atrás de um emprego que pagasse mais e descolei um trabalho como vendedora de loja de roupas chiques. Durei 10.800 reais. Ou melhor, seis meses, ganhando em média 1.800 reais. Fazer os outros comprarem o que não precisam e trabalhar com metas de vendas definitivamente não era para mim.

Foi nessa época que descobri o mercado de eventos e feiras. Quem já foi ao Salão do Automóvel ou a qualquer grande evento em pavilhões de exposições já deve ter reparado naquelas moças que ficam recepcionando os clientes. Eu descobri que sendo uma dessas pessoas poderia ganhar em média 150 reais por dia.

Cérebro da Nath pensando: 150 reais × 20 dias no mês = 3.000 reais.

Era tudo o que eu precisava para dar um gás no meu projeto #PartiuAP2006, e nem precisaria vender nada para ninguém. Era só sorrir, acenar e tentar não agredir alguns engraçadinhos que apareciam de vez em quando tentando me xavecar. Eu podia lidar com aquilo em nome da minha independência. E, como sempre tirei lições positivas das experiências toscas, entre um marmanjo babão e outro aprendi a praticar meu senso de humor pouco peculiar para afastar "gaviões" (como diria meu pai). De brinde, desenvolvi um recurso que pode ser muito útil em qualquer situação: o sarcasmo, que me acompanha até hoje.

Nessa época, com 19 anos, eu já era bem apresentável (a adolescente de monocelha tinha melhorado muuuito) e conseguia esses bicos com facilidade. Passei uns dois anos fazendo eventos e engordando a reserva que foi muito útil na compra do meu primeiro apartamento, à vista, quando eu tinha 23 anos. (Falaremos mais sobre isso adiante.)

A meta era justamente engordar o porquinho com esses trabalhos nos dois primeiros anos do curso de jornalismo para depois mergulhar de cabeça na profissão. Então, faltando quatro semestres para a formatura, comecei a buscar um estágio na área pela qual tinha me apaixonado: a TV. Achei que seria fácil conseguir uma vaga em alguma emissora. É claro que eu estava enganada.

Com foco no meu objetivo, tratei de olhar ao redor e descobri um professor da faculdade que era diretor do *SBT Repórter*. Ele também dirigia um programa interno da faculdade na área de rádio e televisão. Se eu entrasse nesse programa, estaria a uma pessoa de conseguir um estágio ou uma vaga no SBT. Durante um ano, eu infernizei a vida desse homem. Descobri os dias que ele dava aula e ficava de prontidão na cantina (onde eu não comprava nada, óbvio) à espera dele. Eu fazia sempre duas perguntas:

1. Oi, tudo bem?
2. E a minha vaga, já tem?

Resposta para a primeira: Sim, e você?
Resposta para a segunda: Ainda não... a produção é pequena.

Mesmo enchendo a paciência dele, nunca deixei de bater em outras portas.

Às vezes apareciam uns carros de reportagem na porta da faculdade, principalmente da TV Bandeirantes, que ficava próxima à universidade. Eu não dava trégua. Ia até a copiadora, imprimia um currículo e colocava no para-brisa do carro. "Vai que funciona", eu pensava.

É, não funcionou. Mas, se tivesse funcionado, eu teria uma história e tanto para contar!

Foi então que, no início de 2005, surgiu a oportunidade de fazer um teste para apresentar um programa numa certa TV Jockey. Fiz, passei e comecei. Eu receberia 200 reais por dia. Trabalhava segunda à noite, sábado e domingo, revezando com outras duas repórteres. Perdi os fins de semana, mas ganhei um curso bem remunerado.

Um dia, descobri o processo de estágio da Globo, que se chama Estagiar. Cheguei à última etapa, mas não passei. Foi uma das maiores frustrações da minha vida. Me acabei de chorar e só parei alguns dias depois, quando meu telefone tocou.

"Nathalia, aqui é o professor Rogério. Abriu uma vaga no *SBT Repórter*. Você não quer vir conversar?"

Um ano de "infernização" e finalmente recebi meu sim. A remuneração do estágio era 820 reais, um terço do que eu recebia na época para sorrir e acenar ao lado de carros de luxo e máquinas de embalagem a vácuo. Mas eu não tinha nem o que pensar: a vontade de ser repórter e apresentadora de TV gritou nos meus ouvidos. A partir daquele momento, o dinheiro seria consequência da minha realização.

SEMPRE QUE DETERMINO UM objetivo, eu me imagino como uma atleta. Pense num exercício solo de ginástica artística. A meta é executar a sequência de saltos, dança, piruetas e espacates com tamanha perfeição que o resultado seja uma medalha. Chegar à máxima performance exige treino, dedicação e disciplina, mas o atleta profissional conta com um treinador e uma equipe para alavancar seu desempenho. No entanto, se você é iniciante e está diante de um grande desafio, só pode contar consigo mesmo e com sua determinação. Assim, decidi que o meu pódio seria uma vaga como repórter ou apresentadora ali, na segunda maior emissora de TV do país na época. E eu mesma teria que ser a minha treinadora se quisesse conquistar a medalha.

Para não perder meu objetivo de vista, adotei táticas que depois se provaram extremamente poderosas. Por exemplo, minha senha de acesso ao computador era "apresentadora de TV". Todos os dias eu escrevia essas três palavras em algum lugar. Não deixava que nada me desviasse da minha meta.

Como técnica de mim mesma, eu sabia que precisava melhorar. Então me matriculei em um curso para apresentadores de televisão promovido pelo Senac e comecei a fazer sessões de fonoaudiologia. Estudava muito, gravava vídeos e pedia aos meus colegas que criticassem. Como eu já estava dentro de uma emissora, tinha acesso às gravações dos apresentadores e assistia mil vezes, observando a maneira como falavam, os gestos que faziam, o que diziam e como chamavam a atenção do público. Vivia pedindo espaço para realizar mais tarefas, editava matérias até de madrugada, me mostrava sempre disponível para as roubadas e aprendia muito com cada uma delas. Eu notava minha melhora, mas ainda não era suficiente.

Com quase 21 anos, eu ganhava 800 reais do estágio do SBT e mais 1.800 reais por mês da TV Jockey. Cheia de planos de fazer viagens, sair com os amigos e ir a baladas, imagine só o que eu fiz com esse dinheiro. Se você pensou "Torrou tudo, claro!", errou. O sonho de ter o meu apartamento não saía da minha cabeça. Eu não podia fazer isso comigo mesma. Precisava poupar, mas também queria viver. Foi então que adotei uma nova estratégia.

Antes de entrar no estágio do SBT, eu vivia com cerca de 500 reais por mês. Com a nova fonte de renda, me permiti passar a viver com 800 reais. Estava subindo um degrau, mas tinha a certeza de que era um passo prudente e que aqueles 300 reais por mês me trariam muita diversão e ainda me possibilitariam fazer um curso de inglês.

Sempre tive sonhos e uma persistência gigantesca, acreditando que tudo é possível quando se quer muito e se tem uma boa estratégia. Eu estava satisfeita com os dois empregos, mas não parava de batalhar pelo meu objetivo de estar no vídeo no SBT, que obviamente tinha muito mais alcance do que minha pequena TV Jockey. Não perdia uma chance de lembrar ao meu chefe no SBT que eu estava pronta para crescer. Ele, por sua vez, não perdia uma chance de dizer que não ia dar, que eu ainda não era capaz, que precisava ter paciência. Um dia perguntei a ele:

– De 1 a 10, qual é a minha chance de virar apresentadora aqui?

– Um – respondeu ele.

Bom, pelo menos ninguém falou de zero. "Então vamos à luta", pensei. Nenhum repórter gosta de trabalhar aos domingos? Pois eu não me importava e me oferecia para fazer todas as entrevistas nos fins de semana (mesmo que fosse para narrar em off, sem aparecer no vídeo, e era quase sempre assim). Eu produzia, editava, escrevia o texto que os apresentadores leriam para chamar as matérias, dirigia as externas. Colava nos repórteres para aprender o que pudesse. Mesmo quando era estagiária, eu fazia muita coisa que nenhum estagiário se voluntariava a fazer.

Isso porque eu era movida por outro conceito muito importante no mundo do trabalho: o intraempreendedorismo. Se você der um google, vai descobrir uma definição mais ou menos assim: "empreendedorismo praticado por funcionários dentro da empresa em que trabalham" ou "empreender dentro dos limites de uma organização já estabelecida". Mas prefiro explicar de uma maneira mais simples: é ter cabeça de dono mesmo quando se é funcionário. Eu não era a dona do canal nem do programa, nem sequer de um crachá de repórter. No entanto, me comportava como se fosse.

Ainda assim, meus esforços estavam demorando a me levar aonde eu queria chegar.

E, para piorar, de vez em quando alguém me dizia: "Se você for para o interior do estado será mais fácil. Todo mundo começa em uma emissora pequena."

Eu não era todo mundo. Se havia aquela mínima chance, por que não tentar? Eu tinha certeza de que daria certo – e do meu jeito.

Passo 4. Dinheiro não aceita desaforo. Não desperdice o que você suou tanto para ganhar!

É COMUM AS PESSOAS acharem que eu só penso em dinheiro, 24 horas por dia. Quer saber? É quase verdade. A vida nos leva a pensar em dinheiro o tempo todo. Dormir na cama quentinha: 2.500 reais, somando os valores da cama, do colchão, dos travesseiros, do jogo de lençóis e do edredom. Me vestir para trabalhar: 200 reais. Pegar o busão: 3,80 reais. Tomar café da manhã na rua: mais 10 reais, e assim por diante…

"Caramba, mas se eu pensar em dinheiro desse jeito vou enlouquecer ou deixar de viver!"

Vai por mim: você não vai enlouquecer nem deixar de viver, apenas vai pensar melhor antes de abrir a carteira e torrar aqueles 10 contos que você jurava que não fariam falta. O fato de se preocupar mais com o dinheiro não vai transformar você numa pessoa mesquinha nem no Tio Patinhas. Pensa comigo:

Você trabalhou (e não foi fácil) para ganhar dinheiro.

Comprou o que precisava e desejava com dinheiro.

E, a partir do momento em que ele entra na sua vida, você simplesmente se esquece de como ele foi parar lá e do esforço do caramba que teve que fazer para obtê-lo. Faz sentido?

Eis aí um pensamento que se tornou um dos meus maiores trunfos e permitiu que eu me tornasse milionária aos 32 anos sem precisar abrir mão de nenhum desejo.

"Cada centavo é fruto do meu esforço. Se eu o desperdiçar ou ignorar o seu valor agora, estarei jogando no lixo também o meu valor e o meu trabalho."

Para internalizar essa ideia, faça o exercício a seguir. Repita três vezes para garantir.

Pegue na sua carteira uma nota de qualquer valor, o cartão de crédito ou de débito. O que for mais fácil. Vai lá que eu espero…

Pegou? Agora olhe para a nota ou o cartão e visualize um filme muito interessante. Nesse filme você se vê trabalhando, dando seu melhor, engolindo sapos, levando trabalho para casa até enfim receber o pagamento por aquele esforço.

Mentalizou?

Agora escreva com caneta na nota ou no cartão uma palavra que represente o propósito do seu esforço. Pode ser liberdade, segurança, realização... o que você quiser. Escreveu?

Pronto.

A partir de agora pode ter certeza: a sua vida financeira jamais será a mesma.

O FATO É QUE estou sempre imaginando formas de valorizar ainda mais o dinheiro (suado) que eu ganho todos os dias. Invisto, sim, boa parte do meu tempo pensando em estratégias para que meu dinheiro trabalhe cada vez mais por mim, e eu, menos por ele.

Porém, se tem algo que nunca faço, é colocar o dinheiro à frente das minhas motivações e paixões. O dinheiro é como aquele cara muito gato da escola. Se você pensar apenas na beleza e no desejo de se gabar depois que "pegou o fulano", vai atrair exatamente o que plantou: uma ficada e nada mais.

O dinheiro tem o mesmo comportamento bizarro.

"Nossa, a Nath tá viajando. O que uma coisa tem a ver com outra?"

Na hora em que você entender, sua cabeça vai explodir. Então prepare-se.

A partir de agora, redobre sua atenção. Para muita gente, o cara gato da escola era apenas o cara gato da escola e, num primeiro momento, "ficar" com ele até satisfaria os olhos e o ego, mas não outros desejos importantes, como ter um companheiro, uma pessoa que apoia você, dá carinho e liga no meio do dia para dizer "Eu te amo". Que mulher quer apenas um rostinho bonito? Muitas. Que homem quer apenas uma mulher bonita? Muitos. Quem se satisfaz apenas com esses atributos a vida inteira? Poucas pessoas.

O ponto em comum entre o dinheiro e os caras gatos é o desejo por trás da conquista de ambos.

Se você se perguntar o que de fato queria ao desejar o dinheiro ou o cara, pode descobrir verdades incríveis sobre si mesma. (Se você é homem e heterossexual, substitua o cara gato por uma mulher bonita; não se martirize.)

Tente acompanhar esta linha de pensamento:

- O que realmente espero desse relacionamento?
- O que estou buscando para a minha vida amorosa?
- O que espero ao me relacionar com essa pessoa?
- Quais características dela devo avaliar, além do que está diante dos meus olhos, para garantir que meus desejos mais íntimos sejam realizados?

São apenas quatro perguntas que, se respondidas com sinceridade, podem evitar que você quebre a cara com seus relacionamentos pelo resto da vida.

De nada.

Se você não souber responder a essas mesmas perguntas em relação ao dinheiro, ele até poderá vir, mas as chances de satisfazer seus desejos mais profundos serão extremamente baixas. E sabe por quê? Porque você não se deu ao trabalho de investigar que desejos são esses.

Uiiiii! Essa doeu até em mim.

Então vamos fazer um exercício simples. Levando em consideração que você quer ter dinheiro – afinal, comprou este livro –, responda às perguntas aqui mesmo:

O que realmente espero do dinheiro?

____

____

____

O que estou buscando para a minha vida e que, se tivesse mais dinheiro, seria capaz de realizar?

____

____

____

O que espero ao ter mais dinheiro?

____

____

____

Quais sensações e experiências não tenho hoje, mas seria capaz de experimentar e vivenciar se tivesse mais dinheiro?

____

____

____

Por quais sensações e experiências eu seria capaz de abrir mão de todo o dinheiro que tenho?

____

____

____

____

Respondeu a todas as perguntas?

Ótimo!

Agora concentre-se na última: por quais sensações e experiências você seria capaz de abrir mão de todo o dinheiro que possui? (Ou das coisas que comprou?)

São essas sensações e experiências que vão guiar você de agora em diante para uma vida muito mais rica e próspera.

Lembre-se: dinheiro é igual ao cara gato. Você pode até ficar com ele uma noite. Mas isso vai te fazer feliz para sempre?

!

DESDE QUE COMECEI A estudar o complicado relacionamento dos seres humanos com o dinheiro, tento responder a uma questão crucial: por que algumas pessoas prosperam e outras não? Tem gente que se prepara a vida inteira para ser engenheiro e não consegue ser feliz no trabalho. Outras pessoas montam uma barraca de bebidas na praia, o negócio explode e anos depois a franquia Barraca's já está bombando. Qual a diferença entre elas?

A resposta está na Força T. Passei a falar dela nas minhas palestras e nos meus workshops para que ficasse mais fácil entender o poder invisível que move homens e mulheres de sucesso rumo à independência financeira. A esta altura, você já deve imaginar que a Força T é o TESÃO.

O que você continuaria fazendo mesmo que não ganhasse nenhum tostão por isso?

Isso é a Força T se manifestando.

Descobrir a atividade que lhe dá um enorme prazer é uma das chaves para ser o que eu chamo de RPC: *rica pa carai.*

O grande problema da Força T é que, na maioria das vezes, ela está adormecida por causa de crenças e medos acumulados ao longo dos anos. Mas tenha certeza: ela está por aí em algum lugar. (Gente, o Tesão não morre tão facilmente...)

Proponho agora outro exercício, que você deve fazer sem medo de encarar a resposta.

Use o espaço a seguir para responder à pergunta: se tudo fosse possível, o que você estaria fazendo neste exato momento que lhe daria tanta satisfação a ponto de fazer de graça? (Importante: precisa ser uma atividade. "Descansar" não vale. Só descansa quem se cansou por algum motivo. Então não me canse a beleza e responda logo!)

____

____

____

____

Não estou sugerindo que você trabalhe sem pensar em dinheiro. Não seria eu, hahaha! O que estou dizendo é que, quando você trabalha pensando menos no dinheiro, é aí que ele vem. Pode parecer contraditório, mas não é. Eis o fluxo da riqueza: quando a gente trabalha fazendo o que ama, se esforça mais e, sem perceber, tem mais interesse em aprender sobre aquela atividade. Com isso, produz mais e melhor e, consequentemente, ganha mais valor de mercado e é mais bem remunerado.

Um trabalho excelente é visto com admiração; pessoas que têm contato com alguém que se empenha e realiza bem suas tarefas acabam recomendando-a a outras pessoas. Se você está em uma empresa, isso pode render promoções e reconhecimento. Veja que eu usei a palavra PODE, pois não significa que vai rolar. A grande questão é: o que você aprendeu desenvolvendo aquela habilidade e que ninguém jamais poderá retirar de você?

Tenho uma amiga que se hospedou com os dois filhos pequenos em um hotel de praia há um tempo. A camareira que arrumava o quarto pela manhã tinha aprendido a confeccionar origamis e todo dia deixava uma dobradura diferente com uma mensagem para as crianças: "Brinquem bastante" ou "Tenham um dia feliz". Os meninos adoravam. Não viam a hora de voltar da praia para ver o novo origami que a funcionária tinha feito. Ao deixar o hotel, minha amiga elogiou a camareira e sua atitude espontânea. O gerente ficou surpreso e passou a prestar atenção na moça. Faz pouco tempo, essa amiga voltou ao hotel e, naturalmente, perguntou sobre a camareira que fazia origamis. Descobriu que havia sido promovida e agora era chefe de turno.

A camareira tinha um trabalho a realizar todos os dias. Gostava do que fazia, era boa nisso e foi reconhecida.

Quando trabalhava na TV, reparei no comportamento empreendedor e proativo de uma estagiária muito simpática e prestativa chamada Mariana. Aos 22 anos, ela já ensaiava ter o próprio canal de YouTube, conseguia boas parcerias e estava sempre disposta a colaborar com os colegas. Naquela época já sabia que um dia trabalharíamos juntas em outro projeto. Hoje, aos 25 anos, ela é minha gerente comercial no Me Poupe!.

Sabe aquilo que dizem, que quem trabalha com amor não trabalha nunca? Pura verdade. Hoje eu tenho dificuldade para não trabalhar porque me divirto com o que faço. Prefiro mil vezes escrever um texto, criar um roteiro ou ler um livro relacionado à minha área a ver uma série na Netflix. Juro. A não ser que seja uma série sobre finanças. Talvez eu tenha chegado ao melhor dos mundos: me tornei uma marca, capaz de ganhar dinheiro enquanto me mantenho firme no meu propósito de ensinar as pessoas a organizar sua vida financeira de maneira democrática, em linguagem simples, lícita. É assim que consigo tornar meu conteúdo cada dia mais acessível a todos os interessados em cultivar uma vida financeira saudável.

"Mas e se eu não tenho Tesão por nada? E se o meu Tesão é assistir à TV e jogar videogame? Dá pra ganhar dinheiro com isso?"

Acredite: dá para ganhar dinheiro com tudo. No YouTube, por exemplo, plataforma onde hospedamos os nossos vídeos gratuitamente, existem dezenas de milhares de pessoas ganhando dinheiro com os conteúdos e paixões mais inusitados que você possa imaginar, como por exemplo...

Sitting and Smiling (Sentado e sorrindo): Benjamin Bennet é o criador do canal e, em cada vídeo, passa quatro horas apenas sentado e sorrindo. E pasmem: ganha a vida assim.

A minha proposta com esse exemplo é inspirar você a abrir a cabeça para ideias incomuns e explorar possibilidades que talvez ninguém tenha explorado até agora.

"Viver de internet" é algo novo na minha família e, por mais que eu explique o nosso modelo de monetização vindo de publicidades no canal do YouTube, blog, em programa de rádio e redes sociais, é sempre um desafio fazer as pessoas entenderem.

Agora que você já sabe como ganhar dinheiro e, o melhor, com Tesão, é hora de aprender a... poupar.

CAPÍTULO 5

Economizar é possível

Seja mais, tenha menos

Como você já sabe, o hábito de poupar entrou cedo na minha vida. E quanto antes se começa, menor é o esforço para alcançar as metas.

Antes que o *hater* que habita em você comece a se manifestar, preciso deixar claro que a ideia aqui não é encher uma caixa-forte de dinheiro, como o Tio Patinhas, mas poupar para fazer o dinheiro trabalhar pela sua felicidade, pelo seu bem-estar, pela realização das suas metinhas, metas e metonas.

Poupar é não gastar.

Ok, essa foi óbvia. Mas preste bem atenção. Reparou que até agora eu não usei o termo "guardar"? Não é uma simples escolha linguística; é uma preocupação diária e constante com o significado do que falamos. Quando você "guarda" uma toalha, por exemplo, significa que ela está à disposição e pode ser usada quando necessário, sem um fim específico. Mas, se aquela mesma toalha fosse "poupada", o significado mudaria consideravelmente. Imagine a cena:

Filha: – Mãe, onde está a toalha nova?

Mãe: – Eu guardei no armário do banheiro.

Nesse caso, a filha sabe que a toalha foi *guardada* e pode ser usada.

Agora, compare:

Filha: – Mãe, onde está a toalha nova?

Mãe: – Estou poupando para só usar no Natal.

Aqui, a toalha foi *poupada*, ou seja, reservada para um fim específico. Caso a filha precise de uma toalha para qualquer outra coisa que não seja o objetivo determinado pela mãe, terá que achar outra.

Se você poupa sem uma finalidade específica, não está poupando, está guardando. Isso é o mesmo que dizer que quem guarda se sente livre para usar o dinheiro a qualquer momento.

"Caraaaaaaca, agora este livro valeu a pena!"

Cheguei a essa conclusão de tanto observar a forma como poupadores e investidores falam sobre o dinheiro que reservam.

É como se eles "carimbassem" o dinheiro.

Proponho agora um exercício bem simples para ajudar você a entender. Pegue algumas cédulas da sua carteira e coloque sobre cada uma um bilhetinho para você mesmo.

"Este dinheiro é para as férias de julho do ano que vem."

"Este dinheiro é para a alimentação durante a semana."

E assim por diante.

Mas como você vai marcar o seu dinheiro se ainda não sabe de quais carimbos precisará?

Os carimbos são a finalidade, a destinação que dará ao dinheiro.

Faça uma lista detalhada de todos os carimbos que gostaria de ter. Não tenha pudor, medo ou vergonha de colocar o carimbo "coisas inúteis que amo comprar". Você está se tratando da dinheirofobia, lembra? Estamos em um ambiente livre de julgamentos. O importante é que você encontre a cura.

Ao fazer a lista, você vai perceber que será impossível carimbar todo o seu dinheiro.

"Porque é muito dinheiro?"

Não, porque é muito carimbo.

Esse exercício vem ajudando dezenas de milhares de pessoas a perceberem que, ao longo da vida, foram gastando seu dinheiro de maneira aleatória sem dar a menor bola para os carimbos mais importantes. Por isso, antes de escolher uma finalidade para o dinheiro que está no banco, que está investido ou mesmo que você ainda nem ganhou, escolha os carimbos mais especiais para deixar sobre a mesa e guarde na gaveta todos aqueles que podem ficar de lado neste momento. Priorize suas escolhas. Em pouco tempo, eu garanto, você será capaz de excluir de modo consciente outros carimbos até chegar o dia em que poderá usar seu dinheiro da forma que bem entender.

Para ajudar, eu já deixei parte de uma lista de carimbos pronta. Acrescente os seus, pensando na resposta à seguinte pergunta: com que você gastou o seu dinheiro nos últimos três meses? E com que você gostaria de gastá-lo daqui para a frente?

Lista de carimbos para inspirar

- academia
- alimentação em casa
- alimentação fora de casa
- aluguel
- aposentadoria
- balada
- beleza/produtos de beleza
- carro (parcela do financiamento, gasolina, manutenção, seguro, IPVA)
- casa própria (parcela do financiamento, IPTU, seguro)
- condomínio
- independência financeira
- manutenção da casa
- mensalidade escolar
- lazer (cinema, teatro, shows, livros)
- luz, gás, telefone
- plano de saúde
- roupas de que eu preciso
- roupas que eu compro por impulso
- viagem de fim de semana
- viagem dos sonhos

Você acha que eu nunca tive ímpetos de consumo? Claro que tive! E tenho, na verdade. As vitrines, a internet, tudo ao nosso redor nos convida a GASTAR.

Se eu obedeço a esses impulsos consumistas? Aí é outra coisa. Por exemplo, durante uma viagem, entrei em uma loja de departamentos que estava toda em liquidação. "Ah, deixa eu ver o que temos aqui", pensei, e levei para o provador quatro blusinhas e uma calça jeans. Todas as blusas ficaram lindas, a calça caiu como uma luva. E sabe o que eu fiz? Recorri ao meu carimbo "dinheiro para comprar na viagem". A grana que eu havia reservado para isso me permitia levar tudo, mas eu ainda queria comprar óculos de sol e, caso levasse todas as roupas, aquele item supernecessário ficaria de fora da minha lista. Acabei ficando só com a calça jeans, que estava na lista de prioridades e custava um quinto do que eu pagaria no Brasil.

Saí da loja feliz e orgulhosa do meu autocontrole, que me permitiu comprar coisas lindas e dentro do orçamento preestabelecido. Ah, eu sempre viajo com dinheiro vivo. Não caio na bobeira de confiar em mim mesma com o cartão de crédito internacional na mão.

"Caramba, mas se você, que é poupadora profissional, não confia em si mesma, o que eu faço comigo?"

O mesmo: JAMAIS CONFIE EM VOCÊ.

Para mim, o momento da compra é sublime. É o troféu que espero meses ou anos para conquistar. É a prova de que o meu esforço e o meu trabalho valeram a pena. Reduzir o momento da compra a um mero "lazer" seria um incrível prejuízo. Como eu poderia sair pulando de alegria porque enfim comprei a calça jeans que desejava havia meses? Como eu poderia trabalhar com tanto tesão se todo o fruto do meu trabalho fosse jogado pela janela em um passeio pelo shopping? O momento da compra que você tanto planejou é a concretização do sucesso.

Esse hábito de planejar o que vou comprar não é novo. Ele me acompanha há décadas e, antes que você se pergunte quem me ensinou, já vou logo dizendo: ninguém.

Quando minhas irmãs e eu éramos pequenas, nossa família se mudou do Jardim da Saúde, na Zona Sul de São Paulo, para Cotia, cidade a 30 quilômetros da capital. Íamos bastante a Embu das Artes, uma cidade vizinha onde há muitos artesãos que expõem seus trabalhos nas ruas e praças. Eu adorava as cores, o burburinho, o movimento daquele lugar. Às vezes eu comprava uma coisinha ou outra com o dinheiro previamente carimbado como "dinheiro do Embu". Nas viagens, aliás, eu sempre reservei o dinheiro do hippie: sabe quando a gente está na praia e passa a vendedora de cangas ou o cara das pulseirinhas de miçangas? Eu nunca me privei disso, mas esses pequenos souvenirs estavam sempre previstos no meu orçamento.

O fato é que, para mim, a graça sempre foi o passeio, a experiência, nunca a compra.

Desde sempre, minhas compras acontecem somente quando planejadas. Tudo começa com um desejo enorme do tipo "Quero muito tal coisa". Essa "tal coisa" pode ser uma camiseta básica ou um apartamento, não importa. O processo é o mesmo:

- **DESEJAR**
- **ORÇAR** (Levantar os custos.)
- **PLANEJAR** (De quanto tempo vou precisar e quanto terei que poupar todos os meses? Onde vou investir?)
- **MANTER O FOCO** (Isso só acontece se você quiser muito ter aquilo.)
- **REALIZAR** (Comprar à vista e com desconto.)

Foi assim com o meu primeiro carro, foi assim com todas as minhas viagens e, claro, foi assim com o meu primeiro apartamento, que comprei à vista. Sem roubar, sem pedir para o meu pai, sem pegar empréstimo, apenas reservando todos os meses 60% a 70% do meu salário. Eu morava com a minha família, trabalhava em dois empregos, não tinha nenhum fim de semana livre, mas realizei meu sonho em tempo recorde e do jeito que eu queria: de uma só vez e com desconto.

Não comprei esse apartamento sozinha, é verdade. Meu primeiro marido entrou comigo, na base dos 30%-70%. Eu entrei com 30% do total; ele, com o restante. O detalhe é que, como o imóvel foi adquirido na planta, combinamos que eu ficaria responsável por reformar e mobiliar o apartamento com tudo o que fosse necessário – desse modo equilibraríamos os gastos. E assim foi feito. A previsão era de dois anos de construção, e montar o apartamento dos sonhos virou a minha meta de médio prazo. O imóvel ficava em um condomínio-clube no bairro da Casa Verde, na Zona Norte de São Paulo, e seria entregue sem piso, sem armários, sem pia, sem nada. Meu pai, que é engenheiro civil, ficou horrorizado. "Você vai morar aqui?", disse. Pois é.

Diante disso, imagina o tanto que eu pedi de desconto para comprar o imóvel à vista! O valor nominal era 236 mil reais; paguei 195 mil. Como? Lendo as letrinhas pequenas do folheto que me entregaram no semáforo sobre aquele empreendimento. Lá dizia que as unidades do primeiro andar teriam 15% de desconto para compras à vista. Guardei aquele folheto comigo e usei como trunfo ao ficar cara a cara com o corretor. "Se a unidade do primeiro andar tem desconto para pagar à vista, por que a unidade do sétimo andar não haveria de ter?", perguntei. Conseguimos o desconto após duas horas de negociação. Um folheto e uma pergunta nos fizeram economizar quase 40 mil reais. E ainda tem gente que prefere não pedir desconto... Vai entender.

Um a zero para mim, mas eu ainda tinha outra batalha para encarar:

tornar o apartamento um lugar habitável e lindo. Eu tinha três anos para juntar a grana... e lá fui eu.

A colocação dos acabamentos, móveis e eletrodomésticos custou outros 80 mil – e esses saíram do meu bolso, como combinado. Três anos depois, em 2010, em meio à bolha imobiliária que o país viveu, o apartamento que tinha custado 275 mil reais (somando o valor do imóvel e a reforma) valia quase 550 mil. Golpe de sorte, admito. Hoje seria bastante difícil uma valorização como essa em um prazo tão pequeno.

Então, alguns anos depois, eu me separei.

"Poxa, a história estava tão boa!"

Pois é, mas acabou.

O que eu vou contar agora mudou para sempre a minha vida, por isso preste atenção. Só vou falar uma vez.

Isso não está escrito no meu blog, nunca foi dito no meu canal do YouTube. Mencionei pouquíssimas vezes esse capítulo da minha história porque ele sempre me faz chorar.

Eu me sinto verdadeiramente privilegiada por ter tido o tal do "momento clique". Muitos empreendedores e empreendedoras dizem que ele não existe. Mas, para mim, esse momento não apenas existiu como foi um divisor de águas. A minha vida recomeçou ali, e a minha vida financeira também.

Vou contar como aconteceu.

Na conversa sobre a divisão de bens, meu ex-marido disse:

– Vamos vender o apartamento e cada um fica com metade do dinheiro.

– O quê? – perguntei, indignada. – Por quê?

Parênteses para explicar que aquele apartamento era tão significativo para mim quanto o carro tinha sido ao longo da minha infância e adolescência. Ele representava a minha liberdade, a minha autonomia. Eu abria a porta para a varanda e via o prédio da emissora de TV onde trabalhava na época. Eu tinha colocado tudo o que havia lá dentro. Passei meses convertendo tudo o que via pela frente em porcelanato, pensando em coisas como: "Essa bota é linda, mas, pelo preço que ela custa, eu compro dois metros de piso." Era o símbolo máximo da minha independência. E eu ia vender? De jeito nenhum!

Corri para o banco, chequei minhas finanças. Naquela época, todo o meu dinheiro estava em previdência privada (que eu acreditava ser um excelente investimento, até então). Fiz as contas e descobri que dois anos depois de ter desembolsado a grana para bancar a montagem do apê, eu tinha o suficiente para comprar a parte do meu ex-marido.

Foi então que eu disse a frase que mudou a minha vida:

– Não, eu não vou a lugar nenhum. Vou comprar a sua parte pelo valor de hoje.

Eu tinha 29 anos e era frequentemente questionada por causa das minhas decisões financeiras e da minha maneira "muquirana" de lidar com o dinheiro. No entanto, viajava todos os anos para onde eu queria, comprei meu apartamento à vista, mobiliei-o à vista, comprei um novo carro (o que eu queria, um Fiat 500 vermelho liiiindo!) à vista e, quando a vida me colocou diante do que poderia ser a minha maior frustração, eu tinha dinheiro suficiente para, literalmente, comprar a minha liberdade de escolha.

Não sei você, mas eu não acredito em coincidências, e sim em sincronicidade.

Uma semana antes daquele evento fatídico da separação, eu tinha feito uma reportagem especial sobre violência doméstica contra mulheres. Em 2015, ano em que me separei, a cada 15 segundos uma mulher era espancada no Brasil. Os agressores quase sempre eram os parceiros. A situação era ainda pior: 70% delas permaneciam em relacionamentos violentos porque eram financeiramente dependentes. Ou seja: não podiam simplesmente abandonar o barco porque sem o auxílio financeiro do marido não teriam onde morar nem como manter o mesmo padrão de vida. Embora não tenha passado por nenhuma situação desse tipo, a falta de opção dessas mulheres, mesmo as que trabalhavam, me impactou.

Diante dos papéis da compra do imóvel, tomada por um sentimento pleno de liberdade e controle sobre o meu destino, eu chorei. (E choro enquanto escrevo este trecho… de novo.) Eu estava livre. O bullying de algumas pessoas que achavam estranho eu parar meu carro na rua, os olhares irônicos de quem sabia que minhas roupas (lindas e elegantes, diga-se de passagem) vinham de brechós e custavam um décimo do preço de uma peça nova, e minha resistência a ceder ao que essas pessoas esperavam de mim… Todas as escolhas que eu tinha feito fizeram sentido. Eu não estava louca. Estava apenas seguindo as minhas prioridades e apertando o espetacular e redondo botão do foda-se. E ali, enquanto assinava os papéis, jurei para mim mesma que todos os meus dias dali em diante seriam dedicados a proporcionar essa mesma sensação ao maior número possível de pessoas. Comprei a parte dele e, de brinde, ganhei um propósito de vida.

Foi naquele momento que começou a nascer o Me Poupe!, primeiro como blog, mais tarde como canal no YouTube. Decidi que minha missão seria ensinar as pessoas a cuidarem melhor de seu dinheiro, para que todas pudessem sentir o que eu estava sentindo: a certeza de que quem dita os rumos da minha vida sou eu.

Passo 5. Me poupe, se poupe, poupe.

ME POUPE SE VOCÊ não poupa devido àquele velho, ultrapassado e fracassado pensamento: "E se eu morrer?"

Sim, uma das poucas certezas que temos é esta: você, eu e todo mundo que está vivo há de morrer um dia. Quando vai acontecer? Ninguém sabe. O que se sabe, baseado em estudos de expectativa de vida, é que viveremos cada vez mais.

Muita atenção agora para o parágrafo-profecia deste livro. Sua missão após ler este trecho é espalhar o terror, digo, a conscientização, entre todos os que você ama e a quem quer bem.

Veja a seguir a pirâmide etária do Brasil na década de 1980, há quase 40 anos. (Achou que esse negócio de pirâmide etária só ia cair na prova de geografia da escola? Nada disso!)

PIRÂMIDE ETÁRIA ABSOLUTA - BRASIL - CENSO 1980

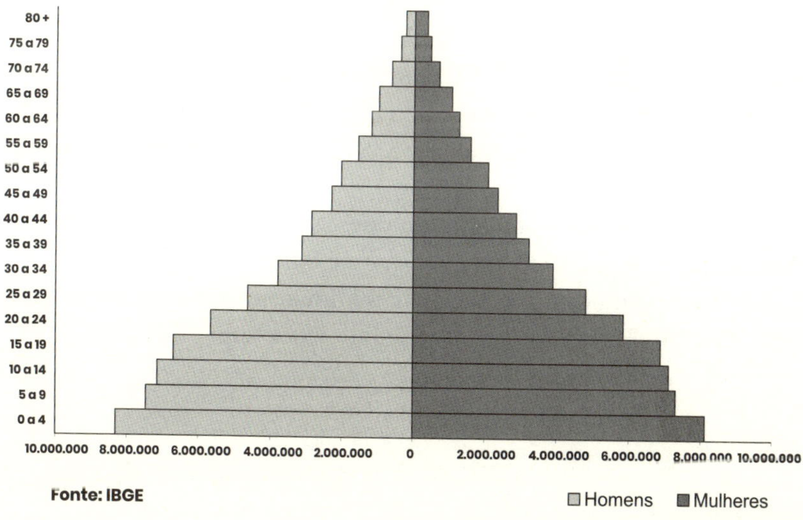

Fonte: IBGE

Atenção especial às idades de 60 a 90 anos (o grupo mais velho) e à faixa etária entre 0 e 10 anos (a fatia mais jovem). Olhou bem? Ótimo. Guarde essa imagem.

Agora veja só como estaremos em 2020, segundo as projeções do IBGE:

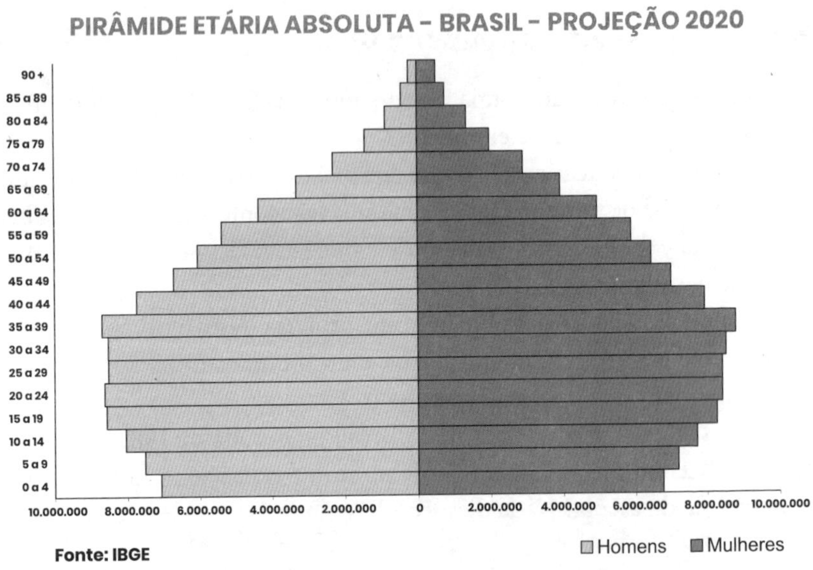

Você deve ter percebido que a pirâmide desapareceu e no lugar dela surgiu esse treco de formato estranho que, apesar disso, continua sendo chamado de pirâmide etária. Vai entender...

Não sei se você reparou, mas a ponta lá de cima deu uma bela aumentada nos últimos 40 anos, enquanto a base, correspondente à população infantil, encolheu.

Ainda não entendeu aonde estou querendo chegar? Calma. Vai ficar tudo bem, desde que você leia este livro até o fim.

Se a nossa evolução populacional continuar no mesmo ritmo, ainda segundo o IBGE, em 2050 nossa pirâmide será assim:

PIRÂMIDE ETÁRIA ABSOLUTA - BRASIL - PROJEÇÃO 2050

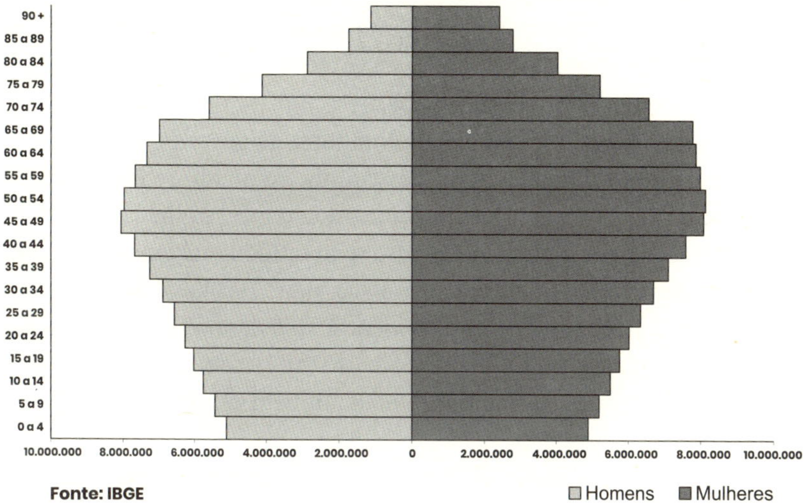

Fonte: IBGE

Quem tem menos de 30 anos hoje provavelmente estará lá para testemunhar o momento em que a população idosa será mais numerosa que a população jovem no Brasil.

No nosso país, a expectativa de vida (número médio de anos que um cidadão viverá) era de 54 anos em 1960. Subiu para 65 na década de 1990 e hoje já está em pouco mais de 75 anos. Os números não mentem: você dificilmente vai morrer jovem, e seria bastante estranho desejar que isso acontecesse apenas para não ter que poupar algum dinheiro para a sua melhor idade – que provavelmente será a pior se você jogar a responsabilidade nas costas de uma improvável fatalidade.

"Mas o INSS não serve justamente para bancar a minha velhice? E a aposentadoria, serve para quê?"

Que bom que você fez essa pergunta!

O dinheiro que um trabalhador paga ao INSS não se transforma em uma poupança para ele no futuro.

Hoje a população ativa (que trabalha para pagar impostos e bancar o INSS) ainda é consideravelmente maior que a população idosa (que já deu a sua contribuição e merece usufruir da aposentadoria, pelo menos em teoria). Agora que você tem essa informação, dá uma olhada de novo nas pirâmides. Em 2050, os idosos serão mais numerosos que os jovens.

Vai faltar adulto contribuinte para pagar a conta dos velhinhos. E tenho uma notícia: VOCÊ SERÁ UM DESSES VELHINHOS.

É por isso que a aposentadoria como nós conhecemos hoje no Brasil está com os dias contados.

Entendeu o tamanho da encrenca?

Por essas e outras, esqueça a aposentadoria do governo. Não vai rolar. O máximo que você pode esperar desse dinheiro no futuro é um complemento de renda para pagar o supermercado do mês, e olhe lá...

Porém, ainda que a pirâmide tivesse se mantido igual à dos anos 1980, aposentar-se pelo INSS iria resolver a sua vida? Nãããããão! Sem falar que não dá para confiar no sistema previdenciário federal, que está em péssima situação. Quem conta com o INSS corre um risco real de ficar na mão.

"Ah, Nathalia, mas eu tenho o INSS e também pago uma previdência privada."

Odeio ser a portadora de más notícias, mas você está fazendo um péssimo negócio ao apostar todas as fichas num plano de previdência privada. A única exceção é se o seu plano for daqueles em que a empresa onde você trabalha entra com um aporte de mesmo valor que o seu – ou seja, a cada 100 reais que você coloca, a empresa também investe esse tanto na sua previdência (sim, isso existe!). O problema é que os planos de previdência oferecidos pelos bancos nem sempre proporcionam as melhores rentabilidades e, além disso, costumam cobrar taxas de carregamento e de administração (vamos falar sobre isso no capítulo 6).

Tá achando que o cenário é ruim? Calma, pode piorar! Hoje, somente 1% da população brasileira idosa não precisa de salário nem de filho nem do INSS para botar comida na mesa todos os dias. Portanto, 99% dos velhinhos não pensaram no futuro ou não conseguiram se planejar para ele. Graças a este livro, você acaba de ganhar uma chance maravilhosa de começar o planejamento hoje. Daqui a pouco vamos falar sobre quanto você deveria poupar mês a mês para garantir uma aposentadoria tranquila.

Reconheço que, para muita gente, a ideia de poupar é difícil e sacrificante. Para mim, nunca foi assim, então posso ajudar você a virar essa chavinha. Sempre tive muito clara na cabeça a diferença entre preço e valor. Antes de comprar qualquer coisa, eu avaliava aquele bem como se fosse um investimento (e para mim era mesmo). Ainda que fosse apenas uma sandália: ela combinava com as roupas que eu tinha? Era possível usá-la para sair e para trabalhar? Quando o salto gastasse, daria para trocá-lo? Afinal, eu tinha batalhado muito para ganhar o dinheiro que gastaria com ela. Era justo que, nessa troca de horas de trabalho por objetos ou serviços, eu buscasse a melhor relação custo-benefício possível.

Ativar o "cérebro racional" antes de comprar é, sem dúvida, uma das melhores armas no combate ao consumo pelo consumo. Vencedor do prêmio Nobel de Economia de 2002, Daniel Kahneman, autor do livro *Rápido e devagar: Duas formas de pensar*, percebeu que nosso cérebro possui duas maneiras de se comportar em relação ao dinheiro:

- **Rápida:** emocional e intuitiva, é usada pela maioria das pessoas em qualquer processo de compra.
- **Devagar:** racional e pautada na lógica, é frequentemente deixada de lado porque dá muito mais trabalho.

Quando ouvi falar desse estudo, meu cérebro explodiu (quase que literalmente).

"Então é por isso que eu sou do jeito que sou! Eu uso muito mais o meu sistema devagar para comprar e investir, enquanto a maioria das pessoas faz o contrário! UAU!"

E neste momento você descobre que este livro tem como único objetivo fazer você pensar mais antes de tomar atitudes com o dinheiro das quais vai se arrepender pelo resto da vida. BUM!

Foi observando o meu processo racional de compra que cheguei às duas técnicas que você vai conhecer agora e que, garanto, funcionam para qualquer pessoa.

A primeira delas, o CUSTO 100, eu desenvolvi em 2016 (mãe, que orgulho, hein?) e tem como objetivo causar um choque de realidade. Confira:

CUSTO 100

Quanto de fato vale o dinheiro que você ganha? Você sabe? Vai saber agora, graças ao Custo 100. É ele que vai defender as suas finanças pessoais diante da vitrine irresistível ou do garçom que se aproxima com a saideira na mão.

> **O Ministério do Me Poupe! adverte: embriaguez pode atrapalhar o uso dessa técnica. Se for beber, deixe o cartão de crédito em casa e leve dinheiro. É a melhor estratégia para não enfiar o pé na jaca.**

Custo 100 nada mais é do que descobrir quantas horas você precisa trabalhar para ganhar 100 reais.

Vamos a uma situação real. Joaquina ganha 3.300 reais líquidos por mês e trabalha 176 horas, o que equivale a dizer que cumpre uma jornada de oito horas por dia, cinco dias por semana (considerando um mês com 22 dias úteis). Se você dividir 3.300 (o salário) por 176 (número de horas trabalhadas por mês), descobrirá quanto vale a hora da Joaquina: 18,75 reais.

Agora, responda: quantas horas a Joaquina precisará trabalhar para ganhar 100 reais? Basta dividir 100 por 18,75. Se em 1 hora ela recebe 18,75 reais, nossa heroína precisará trabalhar 5,33 horas para fazer jus a 100 reais.

"Cinco horas pra ganhar 100 contos?"

Sim, Joaquina. Tudo isso.

Agora faça as suas contas.

a. Quanto você recebe mensalmente (já com os descontos):

____

b. Número de horas trabalhadas no mês:

____

Divida **a** por **b** (valor recebido / horas trabalhadas por mês):

Preço da sua hora de trabalho:

____

Para descobrir o seu Custo 100, divida 100 pelo preço da sua hora.

Meu Custo 100 é igual a ________ horas.

Tire uma foto desta página e leve sempre com você.

"E como isso vai me ajudar, musa suprema das finanças?"

Isso vai ajudar você a entender que uma coisa é saber quanto custa a sua hora de trabalho; outra, bem diferente, é dimensionar o valor da sua hora comparando-o a um número memorável, como 100.

Sabendo que você leva cinco horas para ganhar 100 reais, ainda que você não seja um gênio da matemática, o seu cérebro vai lembrar dessa relação Tempo x Dinheiro. Quando você estiver diante de uma oportunidade de gastar, vai ficar mais fácil calcular quanto precisou trabalhar para comprar aquilo.

Vamos voltar ao exemplo da Joaquina.

Ela vai ao shopping e vê uma bolsa deslumbrante. Joaquina fica louca para comprá-la. A bolsa custa 400 reais.

"Caramba, se 100 reais me custam cinco horas e pouco de trabalho, essa bolsa vai custar quatro vezes mais tempo?"

Sim, Joaquina. Para ser exata, 21 horas de trabalho. Vale a pena? Só a Joaquina, que foi quem vendeu o tempo de trabalho ao chefe, poderá dizer.

Eu nasci com uma mutação genética que detecta furadas de longe e faz com que meu cérebro se ajuste automaticamente a qualquer sinal de perigo ao meu patrimônio acumulado com tanto trabalho. O Custo 100 é uma boa estratégia para fazer você pensar duas vezes antes de gastar dinheiro.

No cálculo do seu Custo 100, é importante considerar o seu ganho líquido, ou seja, o valor bruto do seu salário menos os descontos com impostos, INSS, etc. Para ser ainda mais preciso, você deveria incluir nessa conta o que ganha com o décimo terceiro e o abono de férias, se trabalhar no regime da CLT. Nesse caso, você teria que multiplicar seu salário líquido por 12 (meses), depois somar com o valor líquido do décimo terceiro e do 1/3 de férias. O resultado seria o seu ganho anual. Então você pegaria esse dinheirão, dividiria por 12 e a seguir dividiria pelo número de horas trabalhadas por mês para finalmente descobrir quanto vale sua hora de trabalho. Complicado, né?

É uma conta chata de fazer, mas, se eu fosse você, não deixaria meu sistema rápido e intuitivo falar mais alto, não. Eu pegaria a calculadora e tentaria fazer a conta só para sentir o gostinho de controlar a situação. Se não conseguir fazer de primeira, tudo bem. O importante é encarar o desafio.

A SEGUNDA TÉCNICA PARA controlar os impulsos de compra chama-se QUE-ME-PRE-PO-DE. Quem me ensinou foi o professor Marcos Silvestre, um dos maiores especialistas em finanças pessoais do Brasil e meu grande amigo.

Funciona assim: antes de comprar qualquer coisa que não estava no seu radar, você deve se fazer cinco perguntas. Responda com sinceridade e tudo vai dar certo.

QUE – ME – PRE – PO – DE

1. Eu quero?

Você cairia para trás se soubesse o número de coisas que já comprou na vida sem nem ao menos querer.

"Ah, tá… Agora vai falar que eu compro coisas que não quero… Era só o que faltava!"

Sim, é exatamente isso que estou afirmando.

Quer a prova? Feche os olhos e tente se lembrar da última coisa que você comprou porque realmente queria.

Lembrou?

Excelente.

Agora dá uma olhada no seu extrato bancário e veja quantas coisas de fato você comprou. Aposto que foi muito mais do que consegue se lembrar.

E só existem duas explicações para isso:

1. Sua memória não anda lá essas coisas.
2. Você não queria aquilo de verdade e gastou dinheiro sem querer gastar.

A propaganda tem um efeito incrível sobre o seu cérebro e faz você sentir que quer algo, quando no fundo não é bem assim. As vitrines do shopping produzem o mesmo efeito. As cores, a disposição dos objetos, o alerta em vermelho dizendo "liquidação"... Tudo é planejado para você abrir o bolso e "querer" aquilo instantaneamente, mesmo sem querer de fato.

QUE – ME – PRE – PO – DE

2. Eu mereço?

Se tem uma coisa que a sua amiga vai te falar no shopping é: "Ai, boba, você merece! Divide em cinco vezes no cartão! Dinheiro é pra gastar!"

Sim, claro que você merece não viajar, continuar pagando parcela, deixar de ir aos restaurantes de que mais gosta, continuar andando de busão lotado e depender daquele mala do seu chefe…

Isso é o que me dá vontade de dizer ao pé do ouvido da amiga que te estimula a comprar.

E, antes que você fique com raiva de mim ou da sua amiga, que fique claro: ela realmente acredita que você merece. Ela não faz por mal. Esse é um hábito que as pessoas precisam abandonar. E, se você está lendo este livro, sorte da sua amiga, que agora terá uma pessoa com outra visão de consumo por perto.

Merecimento, aqui, não tem nada a ver com a briga com o crush, com o pontapé na bunda no trabalho nem com os quilos a mais na balança porque você enfiou o pé na jaca. Não estamos falando de compensações, porque você sabe que isso se resolve de outro jeito: fazendo DR, procurando outro emprego ou fechando a boca. Não me vá resolver problemas cotidianos criando outro problema, agora nas suas finanças.

O merecimento de que estou falando diz respeito às suas contas. Você está em dia com elas? Tem investido direitinho? Não entra no cheque especial há pelo menos um ano? Quitou todas as suas dívidas? Bom, então talvez você mereça. Mas calma, porque ainda tem três perguntas antes de se decidir pela compra.

QUE - ME - PRE - PO - DE

3. Eu preciso?

Esta é matadora. A maioria das pessoas que faz esse questionamento de coração aberto desiste de comprar nesta pergunta. Você precisa *mesmo* de mais uma calça jeans? Precisa *mesmo* trocar seu iPhone velhinho por um iPhone recém-lançado? Só passe para a próxima pergunta se tiver 100% de certeza de que a resposta é sim.

Dica: se aquele objeto não estava na sua cabeça quando você saiu de casa, provavelmente você não precisa dele.

QUE - ME - PRE - PO - DE

4. Eu posso?

Sem enrolação: sim ou não? Tem dinheiro sobrando na conta para comprar?

Se sim, pode.

Se não, esquece.

QUE - ME - PRE - PO - DE

5. Eu devo?

Você chegou ileso até aqui e já está até sentindo o prazer de inserir o cartão na maquininha, certo? Espere, porque tem essa última pergunta: eu devo? Huummm (cri, cri, cri). Será que o dinheiro que você vai gastar nessa compra não vai fazer falta? Será que ele não estava reservado para outro gasto realmente importante?

ATÉ AQUI, VOCÊ JÁ entendeu por que precisa poupar e conheceu as duas estratégias que mais me ajudam a não gastar. Então agora está pronto para a questão decisiva: quanto do seu HOJE deverá ser sacrificado em nome do seu AMANHÃ?

E a resposta é…

NADA.

Essa é uma das maiores lições que o meu jeito de lidar com o dinheiro me deu.

Se você tiver que sacrificar a sua vida no presente para poupar para a sua vida no futuro, tem alguma coisa errada. E você vai se surpreender com a técnica que vem agora. Ela é tão simples e tão libertadora! Talvez eu devesse escrever um livro só sobre ela… Quem sabe um dia.

Então vamos lá.

Atenção para…

A RECEITA DO SUCESSO FINANCEIRO 70/30

Essa fórmula consiste em destinar 70% do seu dinheiro para cobrir seus custos hoje e os outros 30% para as suas metas de amanhã. Em outras palavras, 70% da sua renda é para viver o presente e 30% para o futuro. Mas, para ficar ainda mais claro, vamos separar o dinheiro que você ganha todos os meses em cinco partes bem desiguais e dar um destino certo a cada uma delas. O passo a passo a seguir considera um salário de 1 mil reais, para facilitar as contas.

55% ou 550 reais para o que é essencial

ERRO COMUM: Achar que alimentação, moradia e contas do dia a dia são os únicos elementos essenciais da vida. Ora, a sua vida é muito mais que comer, dormir e pagar as contas. "Essencial" é tudo aquilo que é realmente importante para você, não apenas luz ou aluguel. Repito: PARA VOCÊ.

São as coisas sem as quais *você* não vive. Se você não vive sem academia, é aqui que esse gasto precisa ser computado. Se não vive sem uma balada por semana, é aqui que essa despesa entra. Se não abre mão de uma boa escola para as crianças, coloque aqui também. O essencial nada mais é do que a sua vida no presente. Se você acha absurdo fazer essa vida caber em 55% do seu salário, lamento informar: você está vivendo uma vida que não lhe pertence.

Se as parcelas do carro, da casa, dos eletrônicos, etc. já consomem muito mais do que isso, recomendo que você repense o seu padrão de vida. Financiar e pagar ao banco para antecipar os seus sonhos pode ser uma alternativa, desde que não sacrifique o seu plano de enriquecimento e a receita 70/30. Lembre-se: o dono do banco e seus acionistas estão enriquecendo com os juros que você paga para eles. É tudo uma questão de "virar a chave" e começar agora a tomar atitudes que tirem você dessa situação.

"Mas então como eu faço pra ter o que é importante pra mim e enriquecer ao mesmo tempo?"

Essa é a parte mais bonita desse processo e quero que você preste muita atenção.

Há duas alternativas para que a receita dê certo:

1. Ganhar mais dinheiro até que o essencial represente 55%. A seguir você vai saber como fazer isso sem enganar, roubar ou nascer de novo.
2. Enxugar os gastos e usar a criatividade para continuar fazendo o que é essencial, porém gastando menos.

Por exemplo, o que é realmente importante para você: ter um corpo saudável ou malhar numa academia bacana? Se o que você deseja mesmo é ter uma barriga de tanquinho, então qual a diferença entre fazer musculação na academia de 300 reais ou na de 50 reais? Se estar com os amigos é o essencial, por que não organizar um churrasco gastando 70 reais por pessoa em vez de se divertir numa balada de 200 reais? Pense a respeito. Lembre-se que eu disse que era possível viver o hoje com tudo o que realmente importa. Não disse que ia ser fácil.

5% ou 50 reais para educação

Se isso fosse uma receita de bolo, esses 5% seriam o fermento. É a menor porção que você vai usar na receita financeira do sucesso, mas sem dúvida é a que vai fazer o seu bolo crescer! Basta um pequeno investimento mensal em livros, cursos ou qualquer outra estratégia para melhorar sua qualificação profissional e fazer sua vida financeira deslanchar. Se você é uma doceira, por exemplo, reserve essa percentagem para investir em um curso de pâtisserie ou de pasta americana. Assim você aumenta seu valor de mercado por meio da aquisição de habilidades técnicas cada vez mais sofisticadas. O curso é caro? Não tem problema. Se for importante e se realmente valorizar seu trabalho aos olhos do mercado, pegue os 5% mensais e parcele sem medo de ser feliz, ou então poupe esse dinheiro e faça o curso quando puder.

Educação é uma das poucas coisas que incentivo as pessoas a financiarem porque sei quanto a minha capacitação profissional me permitiu ganhar mais dinheiro ao longo da minha carreira de jornalista e, agora, de empresária. E isso não acontece só comigo, não. Segundo a Pesquisa Nacional por Amostra de Domicílios Contínua (Pnadc), que estuda o mercado de trabalho e o desenvolvimento socioeconômico no país, o nível de instrução é determinante para a renda dos brasileiros. Em 2017, o profissional com faculdade, ou seja, que concluiu o ensino superior, ganhava praticamente o triplo daquele que só tinha estudado até o ensino médio.

20% ou 200 reais para objetivos de curto, médio e longo prazo

Esse é o dinheiro que, de acordo com seu desejo, será repartido entre metinhas, metas e metonas, como vimos no capítulo 3. Uma bolsa, um tênis ou um smartphone novo podem ser metinhas, e a grana para satisfazer esses desejos sai desses 20%. Um carro ou uma viagem incrível podem ser metas de médio prazo, e também é daqui que o dinheiro terá que sair. Já se você sonha em comprar um apê à vista, terá que pagá-lo com essa reserva também.

Sim, eu sei que parece muito sonho para pouco dinheiro, e é por isso que é preciso ser audacioso. Sem as minhas metas "malucas", eu jamais teria chegado até aqui. Não teria me esforçado para multiplicar minha renda nem teria conquistado o meu primeiro milhão de reais aos 32 anos apenas trabalhando, empreendendo e investindo. Respire fundo e continue firme na leitura. É possível.

10% ou 100 reais para a aposentadoria (ou independência financeira)

No mínimo. Hoje, apenas 4% dos brasileiros poupam para a aposentadoria fora do regime do INSS. Se você é um desses 4%, parabéns. Se não é, não perca mais um segundo sequer.

E, por fim, a grande sacada:

10% ou 100 reais para gastar com o que você quiser, sem ter que dar satisfação para ninguém, muito menos para mim!

É a cereja do bolo, o pé na jaca, o prêmio por ter feito tudo direitinho nas etapas anteriores. Essa é a verba "Ninguém tem nada a ver com isso" ou ainda "QUE-ME-PRE-PO-DE é o c@#$lho". São aqueles gastos que você sabe que não o levarão a lugar nenhum, não farão tanta diferença na sua vida, mas que, se bem aproveitados, darão uma sensação de bem-estar tão grande que toda a receita vai valer a pena.

Como eu uso os meus 10%? Comprando presentes para as pessoas que eu amo, jantando em restaurantes bacanas, comprando à vista (sempre) coisas que não estavam nos meus planos, como produtos de cabelo, maquiagem, objetos de decoração ou investindo para gastar sem dó nas viagens que eu faço. Ou turbinando alguns dos meus sonhos de consumo.

O importante é que você faça uma "loucura controlada" com esse ingrediente da receita. Para não correr o risco de botar tudo a perder, pegue um envelope, escreva "dinheiro da loucura" e guarde, em espécie, a quantia reservada a esse carimbo. Você terá a sensação de poder comprar sem medo de ser feliz, com a diferença que não vai fazer uma dívida e ainda se sentirá a pessoa mais poderosa do mundo por ter conseguido seguir à risca a receita do sucesso financeiro.

!

A RECEITA 70/30 TEM um efeito imediato: revelar se você gasta mais do que deve para manter seu padrão de vida. Se gasta mais de 55% no que é essencial, já está numa zona de perigo. Mas há casos ainda mais graves, de quem destina 100% do salário e ainda se endivida só para cobrir as despesas.

Calma. Nem tudo está perdido. Vamos por partes.

Minha primeira recomendação é eliminar o desperdício. Para isso, tire uma manhã ou uma tarde para avaliar suas contas fixas. Quanto custa o seu plano de celular? Você realmente precisa de todos aqueles minutos? Precisa mesmo de toda aquela internet, se você passa 9 horas por dia no escritório e lá tem Wi-Fi? Você consegue mesmo assistir a todos aqueles 550 canais da TV a cabo? Precisa daquele plano de saúde que tem convênio com 30 hospitais? Seu cartão de crédito cobra anuidade? Pegue o telefone e ligue para todos esses fornecedores. Negocie, pechinche, ameace migrar para a concorrência. Dá certo. Eu faço isso o tempo todo. E, mesmo quando acho que chegou no talo da negociação, tento mais um pouquinho. A operadora não vai me ligar oferecendo desconto. Se eu não cuidar do meu dinheiro, ninguém vai fazer isso por mim.

Tudo o que você conseguir reduzir nessas contas é dinheiro novo no seu bolso. Estamos combinados?

Então quero propor mais um exercício. Para fazer agora, enquanto o assunto está fresco na sua mente.

Escolha três despesas fixas para reduzir. Preencha o quadro a seguir, coloque a data e assine.

Agora eu quero ver!

O QUE	QUANDO	COMO	ECONOMIA ESTIMADA	PROVA

Eu, ________________________, me comprometo a cumprir a tarefa no prazo estipulado.

____

Vou dar um exemplo de preenchimento para você não ter desculpa.

- **O que:** *a academia*
- **Quando:** *a partir do próximo mês*
- **Como:** *me matriculando em uma academia mais barata*
- **Economia estimada:** *120 reais por mês* (supondo que você se transfira de uma de 200 reais para outra de 80 reais)
- **Prova:** *documento de cancelamento da academia antiga e comprovante de matrícula na nova.*

Alguma dúvida? Então boa sorte.

P.S.: Cumpra.

Isso que você começou a fazer tem nome e é de enorme utilidade na vida de qualquer ser humano que almeja enriquecer. Chama-se faxina financeira.

Pense bem. Por que você faz uma faxina na sua casa? Para a sua sogra não ficar te enchendo o saco? Também. Porém, mais do que isso, é para viver em um ambiente limpo, agradável e organizado. Lembre-se de que toda boa faxina precisa de planejamento. Se você limpar primeiro a sala e deixar o banheiro para depois, a sujeira do banheiro pode migrar para a sala. Lembre-se também de que cada tipo de sujeira pede um produto de limpeza específico.

Ao fazer a faxina das suas finanças, assim como na sua casa, o melhor é começar pela sujeira grossa, que são as despesas mensais fixas, aquelas que pesam mais no bolso. Ao preencher o quadro "Agora eu quero ver!", você está atacando essas despesas.

Agora que você ligou o modo faxina, vamos para a sujeira média, aquela do dia a dia. São as despesas que variam mês a mês, como alimentação, vestuário, lazer. É como a louça suja que pode ser controlada de acordo com o uso: quanto mais louça você usa, maior fica a pilha para lavar. Para diminuir essas despesas você pode fazer compras em lugares que vendem por atacado ou na xepa da feira em vez de no supermercado, frequentando lugares mais baratos, etc.

Por último, existe a sujeira com lambança. Equivale a deixar o pão cair no tapete com a manteiga virada para baixo. É a sujeira que não estava prevista. A capinha do celular. A multa. A conta que você atrasou porque esqueceu.

Infelizmente, não existe modo autolimpante na sua vida financeira. Você vai ter que arregaçar as mangas e começar.

Se você fizer a faxina e a sujeira permanecer, é hora de botar a sua criatividade para trabalhar: como pode ganhar mais dinheiro?

Como eu adoro pensar nisso, deixo aqui algumas ideias.

- **Peça um aumento no trabalho.** Mas você tem que merecer e montar uma estratégia de convencimento do seu real valor para a empresa antes de mandar bala.
- **Venda o que tem e não usa.** Venda aquela bota que você comprou um dia e nunca fez frio o suficiente para usar; aquele colar que você ganhou da sua cunhada e não combina com o seu estilo (aja discretamente, por favor, para não dar ruim em família); aquela prancha de surfe que você comprou por impulso em um momento em que achou que podia ser o Gabriel Medina. A bicicletinha do seu filho que ficou pequena. Já pensou em quanto dinheiro está escondido no seu guarda-roupa, nos armários da cozinha, no quintal? Venda sem medo e invista o dinheiro. Você não precisa da esteira ergométrica que está encostada há cinco anos servindo de cabide.

Agora que você já sabe tudo sobre poupar, chegou a hora de aprender a investir. A não ser que...

A não ser que você tenha dívidas. Esteja na pindaíba. Com a corda no pescoço. Mergulhado na m... Ok, parei.

Se essa é a sua situação, respire fundo. Vamos dar um jeito nisso.

A primeira coisa que preciso dizer é: você não está sozinho.

Uma pesquisa realizada pelo SPC (Serviço de Proteção ao Crédito) e pela CNDL (Confederação Nacional dos Dirigentes Lojistas) revelou que, em março de 2018, 62,1 milhões de brasileiros estavam inadimplentes. Ou seja, não honraram suas parcelas e passaram a dever muito mais, porque neste país quem não paga uma dívida descobre da pior maneira possível o lado ruim dos juros compostos: o famoso EFEITO BOLA DE NEVE.

(Segura aí que daqui a pouquinho eu vou te apresentar o lado bom dos juros compostos!)

Se você já foi engolido pela bola de neve, pegue estas dicas quentes e derreta essa fria na qual se meteu.

Um bom jeito de pensar nas dívidas é comparando com aquele momento xaveco no bar. Por quê? Porque, nas duas situações, você precisa ter confiança e ao mesmo tempo se preparar para ouvir um "não".

Atenção para os cinco passos da "conquista":

Primeiro: escolha a vítima

Se você tem mais de uma dívida pendurada, seu alvo será a dívida mais fácil de pagar, ou seja, a de valor de quitação mais baixo. A ideia é que você resolva primeiro o mais simples e depois parta para as batalhas mais complexas.

Segundo: bole uma estratégia vencedora

Nada de amadorismo ou conversa-fiada. Planeje de que maneira você vai pagar toda a dívida, ou a maior parte dela, de uma só vez. Pode ser se desfazendo de um bem – o carro, por exemplo – ou refinanciando-o em parcelas que caibam no seu orçamento e com uma taxa de juros mais baixa que a atual. Outra boa estratégia é trocar uma dívida mais cara, como a do cartão de crédito ou do cheque especial, por uma mais barata, como o crédito consignado, o penhor de joias, o refinanciamento ou um empréstimo pessoal.

Graças à tecnologia de hoje existem muitos buscadores eletrônicos de taxas de juros. São sites onde você pode comparar e escolher a opção mais barata de empréstimo de acordo com o seu perfil. Quanto pior pagador você for, mais caro vai pagar pelo dinheiro emprestado devido ao risco de crédito. As empresas que emprestam dinheiro conhecem o seu histórico por meio de bancos de dados como o Serasa e o BoaVistaSCPC.

Esse histórico recebe uma nota conhecida como Score. Quanto mais alto o seu Score, menores os juros que vão lhe cobrar. Quanto mais baixo o seu Score, mais altos os juros.

É por isso que refinanciar uma parte de um bem, como um carro, pode ser uma solução para a tomada de crédito em situações emergenciais. O carro funciona como uma garantia de que a dívida será paga e por isso você tem que ter 100% de segurança de que conseguirá honrar as parcelas da nova dívida com juros mais baratos. Se não pagar, você pode perder o carro.

Veja no exemplo a seguir como é mais fácil sair do buraco entendendo a situação dos juros praticados no Brasil.

Joaquina usou 1 mil reais no cheque especial. É uma dívida cara, com juros elevados, por isso, seis meses depois, ela já deve 2 mil reais ao banco.

O banco sugere a Joaquina que ela parcele a dívida atual em 24 prestações fixas de 274,62 reais.

Antes de ler este livro, Joaquina ficaria aliviada com a solução e aceitaria pagar as parcelas sugeridas pelo banco. (Ainda bem que ela leu!) Agora, Joaquina pensa antes de agir por impulso e faz as contas:

- Dívida inicial: 1 mil reais
- Dívida atual: 2 mil reais
- Número de parcelas: 24
- Valor da parcela: 274,62 reais
- Taxa de juros: 13% ao mês
- Valor total que Joaquina pagará ao banco: 274,62 reais × 24 = 6.590,88 reais

Joaquina acha um absurdo e se recusa a pagar essa fortuna. Depois de muita procura, encontra outra opção: um empréstimo pessoal em outra instituição financeira com o mesmo número de parcelas, porém a uma taxa de juros de 3% ao mês.

- Dívida inicial: 1 mil reais
- Dívida atual: 2 mil reais
- Valor da parcela: 118,09 reais
- Número de parcelas: 24
- Taxa de juros: 3% ao mês
- Valor total que Joaquina pagará à instituição: 118,09 reais × 24 = 2.834,16 reais

Joaquina chega então à conclusão de que, se pegar 2 mil reais emprestados na nova instituição, pode quitar à vista a dívida do cheque especial. Mas ela vai tentar fazer melhor do que isso: tentará pedir um desconto ao banco, de forma que não tenha que pagar os 2 mil reais, e sim um valor mais próximo ao da dívida contraída inicialmente, de 1 mil reais. Assim, poderá tomar um empréstimo menor, pagando ainda menos.

No momento em que Joaquina decidiu fazer contas e procurar soluções mais baratas, ela deixou de gastar 3.756,72 reais. Uma grana e tanto!

Terceiro: acerte na abordagem

Se você fez tudo direitinho, escolheu a dívida mais cara e preparou uma estratégia para pagá-la, é hora de procurar o seu credor e negociar. Já vou avisando que não vai ser fácil. Para começo de conversa, dificilmente o seu banco vai oferecer uma alternativa vantajosa. Pode ser que você precise procurar juros mais baixos em outras instituições. Vá à luta!

Quarto: lembre-se de que xavecar é para os fortes

Ter vergonha de negociar significa continuar com a dívida. Se o valor que você tem para oferecer é próximo do valor inicial da dívida, dificilmente a financeira vai recusar a sua oferta. E, se recusar, não desista! Tente de novo, com outras estratégias.

Quinto: faça a sua parte

Se você assumiu um compromisso, cumpra. Ou, dito de outra maneira, se manque. PAGUE.

Meus 25 hábitos para economizar

Poupar não é apenas deixar de gastar, é usar o dinheiro com mais inteligência e gastar menos em tudo o que for possível. Isso só se aprende com a vida, com a prática. Mas listei aqui alguns hábitos que adotei e que podem te inspirar. Lembre-se: estes são os *meus* hábitos, mas você pode adaptá-los à sua realidade. Logo, logo quem terá uma lista de hábitos de riqueza será você!

1. Parar o carro na rua. Nas grandes cidades do Brasil, muita gente opta pelos estacionamentos pagos ou pelos caríssimos serviços de valet. Eu pago o seguro do carro e paro na rua. Afinal, tenho seguro para quê?
2. Pesquisar muito antes de comprar. Eu esgoto todas as possibilidades: internet, brechó, o comércio popular da cidade, etc.
3. Fazer contas mentais o tempo inteiro. Se todo mês eu comprar uma blusinha de 100 reais, em um ano terei gastado 1.200 reais.
4. Pedir desconto sempre. Já reparou que as pessoas ricas sempre pechincham? Uma pergunta que sempre me intrigou: elas são ricas porque pedem desconto ou pedem desconto porque são ricas?
5. Analisar minhas compras semanalmente em busca dos ralos, ou seja, daqueles pequenos gastos que detonam nossas finanças sem que a gente perceba.

6. Decorar a senha do Internet Banking. Tem gente que não lembra e, com isso, deixa de controlar o saldo periodicamente.

7. Usar um cartão de crédito que tenha programa de milhas e utilizá-las. Não faz sentido deixar que expirem.

8. Planejar as compras de Natal, do Dia das Crianças, dos Pais, das Mães e outras datas que se repetem todos os anos. Nunca deixo para a última hora e reservo uma quantia exata e razoável.

9. Pedir nota fiscal e indicar meu CPF. Em vários estados brasileiros, o consumidor que pede a nota e fornece o número de seu CPF concorre a prêmios, ganha descontos em impostos como IPTU e IPVA e pode até receber de volta parte do dinheiro gasto.

10. Beber em casa. Para quem gosta de tomar uma cerveja com os amigos, por exemplo, é uma boa ideia convidá-los, comprar as bebidas e dividir a conta. Se cada um trouxer um aperitivo, é possível aproveitar o melhor da experiência, ou seja, o convívio e as risadas, sem gastar horrores.

11. Dar banho no cachorro em casa.

12. Comprar óculos (especialmente de sol), relógios e perfumes fora do Brasil, pois os impostos são muito menores.

13. Fazer compras em mercados populares e deixar para comprar frutas e verduras na feira, e na hora da xepa.

14. Não pisar fundo no acelerador. Quando a gente corre muito, acelera o desgaste do carro e o consumo de combustível, e ainda corre o risco de levar multa. (Gente, não há dinheiro mais mal gasto no mundo do que multa, concorda?)

15. Fazer exercícios físicos diariamente (ou quase todos os dias) e ter uma alimentação adequada. É muito mais barato ter saúde do que precisar de remédio para tudo.

16. Reclamar quando o preço no caixa for diferente do que está na gôndola. Os atendentes do mercado estão lá para isso mesmo.

17. Não pagar tarifas bancárias. Eu negocio, ameaço o gerente, digo para ele que vou levar meu dinheiro para uma instituição bancária que saiba valorizar meu saldo de investimentos. Sempre funciona.

18. Cultivar um estilo clássico e básico de vestir. A verdadeira elegância está na inteligência, inclusive a financeira.

19. Cozinhar em casa. É muito, muito, muito mais em conta.

20. Apagar as luzes sempre que saio de um ambiente e tirar da tomada aqueles aparelhos que nunca uso, como o DVD player, e que vivem com a luzinha vermelha do stand-by acesa gastando energia à toa.

21. Dividir a compra dos presentes das amigas. Em vez de cada uma dar um presentinho merreca, costumo unir esforços, pesquisar algo mais bacana e rachar a conta. Todo mundo sai ganhando – inclusive a aniversariante.

22. Comprar um carro com seguro barato e valor de revenda alto. Por envolver muito dinheiro, essa é uma compra que precisa ser analisada com muita calma.

23. Memorizar os preços do supermercado. Não decoro os centavos, claro, mas sei que o sabão em pó custa em torno de 8,50 reais e o rolo de papel higiênico, mais ou menos 1 real. Assim dá para saber qual loja vende mais barato.

24. Não sair de casa sem uma lista de compras e me manter fiel a ela.

25. Viajar fora de época. É muito mais barato. Nas grandes datas festivas, como Carnaval e Ano-Novo, é legal ficar na cidade e festejar com os amigos que fizeram a mesma escolha inteligente.

Eu poderia escrever mais uns 50 hábitos porque vivo pensando em formas de economizar. Mas agora é com você! Faça sua lista de hábitos que pode adotar para gastar menos dinheiro sem perder qualidade de vida. Você vai se surpreender com a quantidade de atitudes que está deixando de lado e que aumentariam muito sua possibilidade de enriquecer!

CAPÍTULO 6

A arte de investir

Faça seu dinheiro trabalhar para você

Talvez pela primeira vez na vida você esteja compreendendo que ter mais dinheiro está nas suas mãos. Não depende do governo, não depende do seu chefe, não tem nada a ver com os seus filhos... Depende apenas de você. E isso é ruim, porque estamos sempre à procura de alguém a quem culpar caso tudo dê errado.

"Eu só fiz esse investimento porque meu pai disse que era bom" é o exemplo de algo que ouço com frequência.

Desde que fundei o Me Poupe! e passei a abrir os olhos das pessoas sobre os investimentos, já recebi incontáveis e-mails com dúvidas do tipo:

"Nath, sua linda, tenho 8 mil reais na poupança, mas não sei o que fazer com eles."

Minha vontade sempre foi dizer:

"Dá para mim que eu sei."

Em vez disso, pulo para o próximo e-mail em busca de uma pergunta que eu realmente possa responder.

A grande questão é: eu não tenho como saber. O dinheiro não é meu, não fui eu que trabalhei para ganhar, não sei quais são os objetivos da pessoa com aquele dinheiro, não sei qual o apetite dela para o risco e não cabe a mim decidir. Cabe apenas a ela mesma, e isso dói. Uma decisão equivocada e pronto: ela será a única responsável. Esse sentimento de dúvida é paralisante. Está aí, na dúvida e no medo de tomar decisões, a razão pela qual dezenas de milhares de pessoas mantêm o dinheiro economizado com tanto esforço na poupança – um investimento que, na maioria dos cenários, deixa muito a desejar no quesito rentabilidade.

Amenizar essa dor e oferecer mais certezas do que dúvidas é um dos grandes objetivos do Me Poupe! Qualquer pessoa que consumir nosso conteúdo com atenção terá o conhecimento necessário para tomar decisões por conta própria. Ainda vai doer, mas vai doer menos.

Agora que você está convencido da necessidade e da alegria de poupar – e, mais do que isso, aprendeu como fazer isso de modo eficaz –, é chegado o momento de falar sobre o que fazer com o que você conseguiu fazer sobrar com tanto esforço.

E isso é muito importante.

Vamos falar de investimentos e prometo que não vai ser nem um pouco chato. Afinal, a gente vai tratar aqui de fazer o seu dinheiro trabalhar para você, invertendo a relação que a maioria das pessoas tem com seus reais – elas trabalham *para o* dinheiro; estão sempre correndo atrás dele. Depois desse passo, você vai pensar de outro modo, o que fará uma diferença enorme nas suas finanças e na conquista das suas metinhas, metas e metonas.

EU SÓ DESCOBRI o mundo dos investimentos aos 18 anos. Até então, embora fosse uma poupadora contumaz, guardava tudo no meu cofrinho. Eu não vinha de uma família poupadora, muito menos investidora, então nunca tinha sido apresentada, por exemplo, aos juros compostos. Sabe aquele dinheiro que eu havia guardado para comprar meu Escort conversível? Bem, como eu tinha ganhado um carro da minha madrinha, não precisei gastá-lo. Então, quando fui abrir uma conta no banco, eu, ainda muito inocente, expliquei singelamente para a gerente que tinha 6.700 reais em casa. A moça ficou de queixo caído. Era muito dinheiro no começo dos anos 2000, o equivalente a 12 mil reais hoje.

Essa gerente, que se chamava Araci, me conquistou. Foi ela que me apresentou ao meu primeiro investimento: a previdência privada. Ela falou dos planos que eu poderia ter e fez várias projeções de rentabilidade para os próximos anos. Fiquei encantada: gente, aquela pessoa pensava no futuro! Pensava nas possibilidades de poupança! Entendia de projeções – exatamente a estratégia que eu usava, de um jeito ainda meio primitivo, quando poupava para o carro. Foi ela que me mostrou a força positiva dos juros para quem investe, mas, com honestidade, também explicou sobre as taxas que podiam incidir sobre a aplicação e ofereceu alternativas para eu não pagar mais do que o estritamente necessário.

Achei aquilo tudo o máximo. Coisa de gente grande. Eu chegaria longe, pensei. (Atenção: se você está boiando em relação a esse lance da previdência privada, daqui a pouco vou explicar tudo muito direitinho – inclusive por que eu não sou mais fã dessa modalidade; fica comigo.)

A ideia de depositar meu dinheiro em um investimento e ser "recompensada" pelo banco na forma de juros era fascinante demais para ser deixada em segundo plano. Comecei a pesquisar outras formas de investir. Na época, eu tinha um chefe na emissora de TV onde trabalhava que comprava imóveis para alugar; será que era um bom investimento? (Ele pensava que era. Hoje eu faço ressalvas.) Uma amiga minha começou a trabalhar em uma corretora de valores e me falou sobre renda variável e mercados futuros. O conceito de Bolsa de Valores – que está para as ações de grandes empresas como o supermercado está para os produtos que você compra – me pareceu muito interessante e resolvi investigar.

Procurei uma corretora de valores, descobri um fundo de ações e, com pouco mais de 20 anos, participei da minha primeira reunião de acionistas. Lá, os gestores daquele fundo me mostraram as empresas em que investiam e as projeções de rentabilidade. Resolvi testar: separei 1 mil reais e apliquei no tal fundo. Um ano depois, a Bolsa teve uns solavancos e esse dinheiro foi reduzido à metade. Ainda assim, fiel ao conceito de que Bolsas são investimentos de longo prazo, mantive meu grande capital de 500 reais aplicado e só o resgatei recentemente (depois de dez anos, saquei 800 reais). Apesar de perder dinheiro, a experiência foi superválida e me ensinou muito sobre a importância de estudar antes de investir. Foi assim, pesquisando e buscando informações qualificadas, que eu mudei minha relação com a Bolsa e os investimentos em renda variável e entendi o papel que deveriam ter no meu planejamento financeiro.

Foi também nessa época que entendi melhor o conceito de juros compostos. Desde então, sou perdidamente apaixonada por eles. As pessoas estão acostumadas a ver apenas o lado ruim dos juros: aquele acréscimo que faz a dívida crescer igual a uma bola de neve (falamos sobre esse efeito no capítulo anterior). No entanto, eles também podem trabalhar a nosso favor. De posse desse novo conhecimento, comecei a buscar na internet simuladores, fórmulas e outras maneiras de projetar rentabilidades futuras para meus investimentos. Adorava fazer contas para prever quanto eu teria um dia, de acordo com o tempo ou com o valor que investiria. Percebi que o tempo, se por um lado podia ser implacável, por outro podia ser o meu melhor amigo, especialmente se eu começasse a investir cedo. Com a ajuda dos juros compostos, talvez eu não precisasse poupar tanto nem por tantos anos para atingir meus objetivos.

(Ficou com vontade de brincar um pouquinho? Entre no blog mepoupenaweb e acesse o simulador de juros compostos. É de graça.)

Eu olhava ao redor e percebia um fenômeno assustador: ninguém parecia enxergar esses benefícios. E eu, talvez até com um pouco de arrogância, pensava: "As pessoas precisam ver o que estou vendo! É mágico! Guardando todo mês só um pouco de dinheiro, que nem vai fazer falta, elas podem garantir um futuro mais tranquilo, sem depender dos filhos, sem precisar morar embaixo da ponte, sem depender do INSS." Quando eu falava sobre esse assunto, me diziam: "Mas e se eu morrer? Esse dinheiro vai ficar lá para alguém e eu mesmo não aproveitei nada!" Isso quando não me chamavam de louca.

Foi a psicologia econômica que me ajudou a entender o medo que tanta gente sente ao pensar no futuro. O estudo das finanças comportamentais me mostrou que, de modo geral, as pessoas buscam aliviar suas tensões por meio de gratificações imediatas ("Vou ali comprar um sapato para curar a minha dor de cotovelo e já volto"). Elas perseguem a ilusão de que está tudo bem, recusando-se a encarar seus problemas financeiros, e têm grande dificuldade para tomar decisões, conviver com a incerteza e pensar a longo prazo. Mas, na minha cabeça, o futuro, assim como o presente, seria incrível. Eu o via com nitidez e ele era tudo de bom, porque eu estava preparando o terreno para ele agora. O problema era que quanto mais estudava e tentava explicar minhas descobertas, mais eu me sentia um ET.

Bem, eu superei tudo isso e, aos poucos, fui convencendo as pessoas que conviviam comigo de que o meu ponto de vista não apenas era válido como também era um trampolim para grandes conquistas. Entre outras histórias, foi graças aos investimentos – e aos juros compostos – que eu consegui realizar um casamento de sonho (gastando muito pouco, claro, ou não seria eu). Vou contar como foi, torcendo para que inspire o seu projeto de se tornar um investidor.

Eu não queria casar. Mas, quando conheci meu primeiro marido, mudei de ideia e comecei a juntar dinheiro para um casamento bacana. Aplicando, claro, e confiando no poder dos juros compostos. Um dia, durante uma degustação de docinhos de festa, me dei conta de que casamento é um ritual que tem muitos detalhes. Que dá muito trabalho. E que custa muito caro. Parecia uma negação de tudo aquilo que eu tinha feito até então em termos de cuidado com o meu dinheiro.

Mas àquela altura eu já tinha um vestido de noiva lindo, maravilhoso.

Era um primeiro aluguel – de 4 mil reais, acabou saindo por 2.300 reais, pagos à vista. Fala sério: minhas técnicas de pechincha funcionam mesmo! Aluguei o vestido pouco depois que ele pediu a minha mão – aquela coisa linda, romântica – durante um cruzeiro que fizemos no Caribe. E naquele cruzeiro tinha um casamento a bordo... Plim! Caiu a ficha: e se a gente se casasse em um navio?

Quando eu boto uma ideia na cabeça, já era. Comecei a pesquisar todas as empresas que realizavam casamentos a bordo. Dei meia dúzia de telefonemas e logo entendi que, se fizéssemos a cerimônia em um navio, seria muito mais bonito, emocionante e... barato. Poderíamos convidar só as pessoas realmente importantes e – para nós isso era ponto pacífico – bancar a viagem delas. Ah, mas quem presidiria a cerimônia? O comandante, claro. Planejamos, orçamos e convidamos 19 pessoas para um cruzeiro de quatro dias com todas as despesas pagas por nós. Claro que chamamos só as mais próximas: nossos pais e avós, minhas irmãs e amigos mais chegados.

Foi a melhor decisão que eu podia ter tomado. Foram quatro dias de muita festa, sem encheção, sem tio mala que bebe e vira o chato, sem preocupação com taças de champanhe quebradas, nada. Mandei para a empresa uma foto do buquê que eu queria e me entregaram um igualzinho ali na hora. Meu dia da noiva teve massagem e maquiadora, tudo incluído no pacote. O clima colaborou. Nos casamos diante de um lindo pôr do sol em Ilhabela, sob um céu laranja indescritível, com uma festa de arrasar no salão envidraçado do navio e, claro, eu com meu deslumbrante vestido de noiva. Os outros passageiros perguntavam: será um filme? Não, mas era um casamento e tanto, que tinha custado cerca de 13 mil reais, uma bagatela perto da festa que a gente tinha começado a programar – e desistido. (P.S.: Tia Cocota se chateou, mas acabou me perdoando. E o dinheiro que economizei ao não dar uma festança foi usado para mobiliar meu apartamento!)

Mas e as outras amigas, as colegas de trabalho, esse povo que não estava na lista super-hiper-ultrarrestrita? Bem, considerei que as pessoas que realmente gostavam de mim compreenderiam a minha posição e as minhas necessidades. Chamei todas para uma baita despedida de solteira e foi muito divertido. Claro: cada uma com a sua comanda.

Investir não é apenas colocar dinheiro em aplicações que tragam rentabilidade. Pode e deve ser também buscar novos conhecimentos para dar uma guinada na vida. Foi o que aconteceu comigo quando, alguns anos depois do casamento dos sonhos no navio, eu me separei e resolvi me inscrever num curso caríssimo sobre planejamento financeiro pessoal que seria fundamental para mudar os rumos da minha carreira e fazer deslanchar o projeto Me Poupe!. Os amigos me perguntavam: "Nath, depois da separação tudo fica tão instável! Será que é a hora de gastar tanto em um curso?" E eu respondia: "Estou investindo em algo que vai me trazer retorno." Foi exatamente o que aconteceu: além das ferramentas que eu já tinha garimpado por minha conta, aprendi outras que foram importantes para o meu crescimento pessoal e profissional. São essas lições que eu compartilho aqui com você.

Bora investir?

Passo 6. Nos juros compostos acredite.

SE ESTE É O seu primeiro contato com o fantástico mundo dos investimentos, seja muito bem-vindo e prepare-se, porque é agora que a sua vida vai mudar de vez. Chegou o momento de fazer o dinheiro trabalhar para você. Para te ajudar nessa nova etapa de vida, quero te apresentar oficialmente meu filho, o Juro Composto. Eu gosto tanto desse mecanismo financeiro que, se um dia tiver um filho, vou batizá-lo assim: Juro Composto Arcuri Borgo (é brincadeira, pai).

A primeira coisa que você precisa saber é que as aplicações mais seguras, inclusive a poupança, rendem a juros compostos.

"Mas, afinal, o que é isso, soberana musa da calculadora?"

Vou explicar.

Juros compostos são uma força quase mágica que transforma 100 reais em 200 reais sem que você tenha que fazer força, sem ter que trabalhar, sem precisar se estressar, sem correr risco. Tudo o que você precisa fazer é escolher boas fontes de investimento e esperar.

Por exemplo, quando você investe 100 reais em um CDB (já, já vou explicar o que é isso) do banco que tem rentabilidade de 10% ao ano, os juros compostos vão fazer esse dinheiro aumentar sozinho e cada dia mais.

Veja por quê.

Os juros no Brasil estão entre os mais elevados do mundo. Isso é terrível para quem pega emprestado. Mas é incrível para quem empresta. Guarde essa informação na memória e leia com muita atenção os exemplos de mau e bom uso dos juros compostos.

O jeito ruim de usar os juros compostos: Maria fez uma compra de

100 reais em janeiro, mas não conseguiu pagar. Ela não fazia ideia de que sobre esse valor incidiriam juros compostos de 14% ao mês e deixou a dívida rolar. Agora adivinhe de quanto será a dívida de Maria em dezembro do mesmo ano.

Será de 481,80 reais. Quase cinco vezes o valor da dívida inicial! Isso porque no primeiro mês os juros de 14% incidiram sobre a dívida inicial de 100 reais e ela passou a 114 reais. No segundo mês, os mesmos 14% foram cobrados sobre o total acumulado (114 reais), aumentando a dívida para 129,96 reais. É assim, como uma bola de neve, que Maria chegará ao estonteante valor de quase 500 reais em dezembro.

Agora imaginemos que a Maria pagou a dívida e, em vez de pegar emprestado, emprestou 100 reais para o banco a juros compostos de 1% ao mês. E mais do que isso: Maria leu este livro e decidiu investir todos os meses 100 reais.

No primeiro mês, Maria terá 100 reais + 1% = 101 reais.

No segundo mês, 101 reais + 1% = 102,01 + 100 reais (ela continua poupando 100 reais por mês, lembra?).

No terceiro mês, 202,01 reais + 1% = 204,03 + 100 reais (ela continua guardando 100 reais todos os meses...).

Se você continuar fazendo essa conta, chegará ao mesmo valor que eu: ao final de 20 anos, caso continue poupando 100 reais por mês e com a ajuda dos juros compostos, Maria terá acumulado (atenção, parem as máquinas, soem os tambores)...

Um total de 100.014 reais!

(Sem os juros compostos, ela teria apenas 100 reais × 240 meses = 24 mil reais.)

Entendeu por que eu sou tão apaixonada pelos juros compostos?

Ainda assim, na minha jornada para enfiar esses ensinamentos na cabeça das pessoas, vivo ouvindo coisas estranhas a respeito dos juros compostos. Tem gente que acha que é invenção, apesar de a matemática e a fatura do cartão de crédito provarem o contrário.

Tem gente que me olha com cara de pena, pensando: "Tadinha dela, acredita em milagre." Tem gente que acha que é pegadinha e reage dizendo coisas como "Por que você me ensinaria isso? Cadê a câmera? Só pode ser algum tipo de brincadeira".

O fato é que as pessoas simplesmente não acreditam e, assim, perdem a chance de fazer mudanças extraordinárias na vida. No fundo, eu entendo:

a gente vive em um país marcado por tanta corrupção, tanta coisa malfeita, que pode mesmo ser difícil acreditar em uma maneira fácil e lícita de juntar dinheiro. Mas eu espero que você pense diferente. Os juros compostos até hoje têm sido meus melhores amigos. Realizo todos os meus projetos comprando à vista graças a eles, e estou cada vez mais perto da minha independência financeira porque estão lá trabalhando para mim.

AGORA QUE VOCÊ ENTENDEU o sentido dos juros compostos, vamos falar sobre algumas palavras e siglas que você provavelmente já ouviu, mas em que nunca prestou atenção. Sem entender o que elas significam, o medo vai te paralisar e você não conseguirá fazer o dinheiro trabalhar para você.

- **Taxa Selic**, também conhecida como taxa básica de juros, é uma espécie de mãe de todas as taxas. Ela comanda todas as taxas de juros do país. Se a Selic aumenta, os juros do cartão de crédito, do financiamento do carro, etc. ficam mais caros, mas os investimentos em renda fixa passam a pagar melhor.
- **CDI** (Certificado de Depósito Interbancário) é a taxa que os bancos utilizam quando fazem operações entre eles, de banco para banco. Ou seja, é a taxa que os bancos usam como referência para emprestar dinheiro entre si. Sim! Você acredita que eles fazem isso? O CDI costuma acompanhar bem de perto a taxa básica de juros, a Selic. Exemplo: Selic 7% ao ano, CDI 6,95% ao ano. Por isso, quando alguém fala que tal investimento está pagando 100% do CDI, está dizendo que ele vai devolver, naquele ano em que o CDI foi de 6,95%, exatos 6,95% de rentabilidade.
- **Renda Fixa** é uma aplicação em que você empresta dinheiro ao banco, a uma empresa ou ao Tesouro Nacional e recebe dinheiro por isso. Por exemplo, os bancos precisam de dinheiro para emprestar às pessoas que vão financiar um imóvel, certo? De onde você acha que eles tiram dinheiro? De outras pessoas! A grande diferença é que o banco pega emprestado a 7% ao ano e empresta a 80%. De qualquer forma, é melhor emprestar do que pegar emprestado.
- **IPCA** nada mais é do que a inflação, o Índice de Preços ao Consumidor. Ele indica quanto seu dinheiro se desvalorizou de um mês para outro.

Ou seja, o que você comprava antes com aquela quantia e que já não consegue comprar mais hoje. Lembra quando a casquinha do McDonald's custava 80 centavos? Ela ficou mais cara por causa da inflação.

- **FGC** é outra sigla que você precisa conhecer, mas tomara que nunca precise recorrer a ela. O Fundo Garantidor de Crédito é uma reserva para compensar você se um dia o banco que guarda ou para o qual você empresta o seu rico dinheirinho quebrar. O valor assegurado pelo FGC hoje é de 250 mil reais por CPF e por instituição financeira. Antes de investir, sempre pergunte se aquela aplicação que você deseja fazer está coberta pelo FGC.

De posse de todo esse conhecimento, vamos fazer um teste. Observe com atenção as alternativas abaixo e marque só aquelas que são modalidades de investimento.

❏ Título de capitalização
❏ Poupança
❏ LCI e LCA
❏ Consórcio
❏ Financiamento
❏ Tesouro Direto
❏ CDB
❏ Ações de empresas

Marcou?
Vamos então ao resultado.

Se você assinalou **título de capitalização**, errou. Título de capitalização é uma espécie de sorteio, não de investimento. A Tele Sena, por exemplo, também é um tipo de título de capitalização. Mas não se preocupe, esse não é um erro indigno. Afinal, o gerente do seu banco – que vamos apelidar carinhosamente de Sidinelson – está sempre te ligando para oferecer um título de capitalização como se fosse a melhor oferta do mundo. "Veja bem, Joaquina, é uma forma de você poupar dinheiro e ainda concorrer a prêmios." Você, que ainda não me conhecia e achava que o gerente do banco era seu amigo e pensava no bem-estar do seu dinheiro, aceita a oferta e passa a aplicar todos os meses uma quantia, com um rendimento insignificante, que um dia será devolvida, corrigida pelo mesmo rendimento insignificante. Porém você fica sempre na expectativa de tirar a sorte grande e ganhar uma bolada (há Sidinelsons que dizem: "Olha, a nossa agência é pé-quente, já tivemos seis contemplados aqui!"). Entendeu, né? É roubada total. O título de capitalização é apenas uma desculpa para quem não consegue poupar com disciplina, o que, tenho certeza, não é mais o seu caso.

Poupança é investimento. Sim, você acertou! Investimento com baixa rentabilidade, mas investimento. Como é muito simples abrir uma poupança e seu rendimento é isento de imposto de renda – ou seja, não importa quanto você aplique, na hora de sacar o dinheiro não pagará nenhum real de IR –, ela acaba sendo o investimento preferido dos brasileiros. Mas estamos ajudando a mudar essa realidade.

A **LCI** (Letra de Crédito Imobiliário) e a **LCA** (Letra de Crédito do Agronegócio), são modalidades de investimento em renda fixa que não cobram imposto de renda sobre a rentabilidade. Na LCI, você empresta dinheiro para o banco, que, por sua vez, empresta ao setor imobiliário. Na LCA, você empresta para o banco emprestar para o setor agropecuário. Viu como é simples? Ambas têm uma condição muito rigorosa: o prazo. Não, você não pode retirar o dinheiro quando bem entender. O banco ou a corretora de valores sempre terá uma tabela com os prazos para cada aplicação, e durante esse tempo o seu dinheiro ficará quietinho ali, só rendendo, graças aos juros sobre juros, ou seja, aos incríveis, mágicos e fenomenais juros compostos!

Se você marcou **consórcio** como investimento, errou feio. Os consórcios cobram taxas (altas) de administração, têm reajustes anuais que podem assustar e ainda por cima você precisa torcer para ser contemplado.

Ah, Nath, mas **financiamento** é um jeito de investir, certo? Errado. Em um financiamento para a casa própria, por exemplo, você pagará juros ao banco que emprestou o dinheiro para você ter esse bem hoje. A regra é clara: se o seu dinheiro trabalhou para você, é investimento; se trabalhou para o banco, não é investimento.

(Parênteses para as pílulas de sabedoria da Nath: se você decidir que realmente quer ter uma casa ou um carro, tenha em mente que esses sonhos de consumo não podem ser considerados investimentos dentro de um planejamento financeiro pessoal. Quando você adquire esses bens para uso próprio, eles se transformam em passivos financeiros. Ou seja: você vai gastar dinheiro com eles em vez de ganhar. Afinal, estão sujeitos a depreciação, custos e gastos de manutenção. Como assim? Simples. Se você aplicar o dinheiro da compra de um carro em um fundo de renda fixa, ele renderá juros; se comprar o carro, além de não receber nada, a não ser o próprio bem, terá que gastar com combustível, licenciamento, IPVA, seguro e revisões de segurança; ou seja, só vai gastar com ele. Ficou clara a diferença entre investimento e bem?)

Chegou a vez de falar do queridinho dos especialistas, o incrível **Tesouro Direto**. Que é investimento, sim: trata-se de emprestar dinheiro diretamente para o governo e ser remunerado com o pagamento de juros. Quando você compra títulos do Tesouro Direto, o governo fica lhe devendo e, acredite: ele (o governo) é o melhor pagador de dívida que existe. Por essa você não esperava...

Para investir no Tesouro Direto, é necessário ter conta em uma corretora de valores. Corretoras de valores não têm agências na rua e ainda são desconhecidas da maioria dos brasileiros. Você pode abrir uma conta em qualquer uma delas, de qualquer lugar do Brasil. É tudo feito pela internet e de forma bastante segura. As melhores corretoras de valores para investir no Tesouro Direto são aquelas que não cobram taxa pela transação do investimento. Não precisa ter medo: uma boa corretora de valores sempre cobrará taxas muito menores do que as dos bancos, o que torna a rentabilidade maior.

Ah, então, como fazer? O primeiro passo é conferir no site do Tesouro Direto (tesouro.fazenda.gov.br) a lista de corretoras habilitadas a aplicar seu dinheiro. Eleita a sua, você terá que abrir uma conta pela internet, o que costuma ser bastante simples. Fique de olho, pois em geral as corretoras não cobram mensalidades ou cestas de serviços como os bancos. Então transfira o dinheiro da sua conta para a conta da corretora – e escolha o investimento que faça mais sentido para você. Qualquer corretora terá gente capacitada para tirar as suas dúvidas. Você pode abrir a sua conta de graça e perguntar o que quiser antes de transferir seu dinheiro para lá.

Existem basicamente três tipos de título do Tesouro Direto:

- **Tesouro Selic.** Este é para aquela pessoa que quer aplicar, porém sabe que precisará do dinheiro daqui a um mês, por exemplo. Pode-se tirar a qualquer momento, com chances muito remotas de perder dinheiro.
- **Tesouro prefixado.** Bom para quem não vai precisar do dinheiro tão cedo e quer saber exatamente quanto vai render a aplicação que fez.
- **Tesouro IPCA.** Como o próprio nome anuncia, está atrelado à inflação. Aqui, seu dinheiro sempre vai ganhar da inflação, desde que você deixe a grana investida até o vencimento.

Tem mais algumas informações importantes sobre o Tesouro Direto, como o fato de que você pagará imposto de renda sobre a rentabilidade, com faixas que variam de 22,5% a 15%, dependendo do tempo que deixar o seu dinheiro aplicado. Quanto menos tempo aplicado, maior a alíquota do imposto sobre o que rendeu. Depois de dois anos, a alíquota é de 15%, e é por isso que eu recomendo manter o dinheiro aplicado por, no mínimo, esse período. Outra tarifa existente para todo mundo que aplica em Tesouro Direto são os 0,30% ao ano da custodiante B3, a antiga Bovespa. É ela quem cuida das transações entre você e o Tesouro Nacional.

Toda semana alguém me pergunta: vale a pena tirar meu dinheiro da poupança e aplicar no Tesouro Direto? E esse papo de endividamento do governo? Será que, emprestando para o Tesouro, eu não corro o risco de levar um calote? Porque, sabe como é, a poupança conta com o Fundo Garantidor de Crédito, o Tesouro não…

Preparado para uma revelação bombástica? Sabe onde os bancos deixam boa parte do dinheiro deles investida? Em títulos do Tesouro Nacional! Sabe o que vai acontecer se o Tesouro Direto resolver dar um calote? Os bancos vão quebrar e o seu dinheiro vai desaparecer. Se você confia no seu banco e o seu banco confia no Tesouro a ponto de colocar o dinheiro dele lá, por que você não faria o mesmo?

Dúvidas frequentes, respostas rápidas

- Quando posso comprar títulos do Tesouro Direto? *Todos os dias.*
- Posso tirar o dinheiro antes do vencimento? *Pode.*
- Posso me dar mal fazendo isso? *Pode.*
- Eu, Nathalia, tiraria o dinheiro antes da hora? *Só se ele estivesse aplicado no Tesouro Selic, que rende todos os dias de acordo com a Taxa Selic e rende mais que a poupança.*
- Se eu tenho pouco dinheiro, a poupança não é um investimento melhor, já que não paga imposto de renda e o Tesouro Direto cobra no mínimo 15% depois de dois anos? *Não. Pela regra atual, a caderneta de poupança paga 70% da Selic mais a TR, a taxa referencial que eu apelidei de Taxa Ridícula, de tão insignificante que é. Os números não mentem: apesar do imposto (mesmo com a alíquota mais alta) e da tarifa de 0,30% da B3, o Tesouro Direto ganha da poupança.*

- O que pode dar errado ao investir no Tesouro Direto? *O que pode dar errado é uma "pecinha" chamada ansiedade do investidor. Aplique as dicas que você acabou de ler, respeite os prazos das aplicações, busque mais conhecimento no blog e canal Me Poupe! e nada vai dar errado. O Tesouro Selic, repito, é o único título do Tesouro Direto em que você coloca suas economias podendo retirar antes do prazo sem correr o risco de perder dinheiro.*
- Esse é um investimento de alto, médio ou baixo risco? *O Tesouro Direto é o investimento mais seguro e conservador que existe hoje no Brasil.*

O **CDB** (Certificado de Depósito Bancário) é um acontecimento. Imagine que o banco X precisa de 500 milhões de reais. O que ele faz? Lança títulos da dívida e oferece a você, ou melhor, a nós, os clientes, que vamos cobrar muito pouco por isso. Ainda assim, compramos os títulos, combinando com o banco que o dinheiro será devolvido dentro de um prazo estipulado antecipadamente. Você deve estar se perguntando: mas, se o banco já tem tanto dinheiro, por que ele precisa de mais? Agora vou te explicar o que o Sidinelson nunca explicou nem explicará. O banco funciona assim: ele capta dinheiro ("recursos financeiros" seria uma forma mais elegante de explicar, mas prefiro ir na lata) para emprestar a outras pessoas ou instituições. O detalhe é que ele paga muito menos a você ou a mim do que cobra ao emprestar. É com essa diferença, que se chama *spread*, que o banco vai lucrar. Ou seja, ele é o intermediário entre quem tem dinheiro sobrando (você, espero) e quem tem dinheiro faltando (não é você, espero). Voltando aos CDBs, fique esperto, porque você terá que pagar imposto sobre a rentabilidade da aplicação. Esse imposto varia de 22,5% a 15%, dependendo do tempo que a quantia ficar "emprestada" ao banco.

Por fim, tem as **ações de empresas**, que são pequenas partes de grandes empresas disponíveis para a compra por gente comum, como você e eu. Acertou quem assinalou como investimento. A diferença em relação aos demais investimentos é que aqui estamos falando de renda variável. Para comprar ações de empresas, você terá que pôr o pé na Bolsa de Valores. É um terreno menos firme do que a renda fixa, porém, quando se investe com informação e respeitando as características individuais de tolerância ao risco, a possibilidade de ganhar dinheiro aumenta.

!

RECAPITULANDO: VOCÊ JÁ ENTENDEU que nesse fantástico mundo dos investimentos existem basicamente dois grandes grupos: os de renda fixa e os de renda variável. Os investimentos de renda fixa são aqueles nos quais você empresta dinheiro para o banco ou para o governo, que devolvem a grana com juros. Nos investimentos de renda variável, você pode comprar uma parte de uma empresa esperando que ela cresça e que o pedacinho que você comprou se valorize, permitindo que você ganhe mais dinheiro quando revender aquela ação. Você terá que operar na Bolsa de Valores comprando e vendendo papéis de empresas de capital aberto, ou seja, que aceitam você como "sócio". Mas antes de fazer isso, quero que responda a estas cinco perguntinhas aqui:

1. Você sabe exatamente quanto entra e quanto sai do seu bolso todo mês?
2. Você conhece a renda fixa o suficiente para dar o próximo passo, que é a renda variável?
3. Quando foi a última vez que você analisou uma empresa de capital aberto?
4. Você aceita bem a possibilidade de eventualmente perder o dinheiro que poupou e investiu?
5. Você se sente à vontade para usar o Home Broker, plataforma digital de investimento em Bolsa de Valores?
6. Você tem paciência e disciplina para acompanhar os resultados da renda variável?

Se você respondeu não a pelo menos uma delas, ainda não está na hora de entrar na Bolsa.

O fato é que pessoas que conhecem a Bolsa de Valores não perguntam se é hora de entrar na Bolsa de Valores por uma razão muito simples: elas já estão lá. Nem por isso você deve imaginar que isso é para cachorro grande.

Hoje é possível investir em renda variável com valores iniciais que partem de 100 reais. Convido você a acompanhar a série Nathação no meu canal do YouTube caso queira saber mais sobre esse universo. (Sacou o trocadilho? Nath + Ação... Nathação... Bom, a minha mãe também achou péssimo.)

Não vou me estender muito nesse assunto da renda variável neste livro porque acredito que, antes de dar esse passo, você precisa aprender a dominar a si mesmo e aos seus impulsos.

DEPOIS DE TUDO o que você leu, ainda pode restar uma dúvida: "Mas, Nath, afinal, onde é que eu devo investir o meu dinheiro?"

Foi como eu disse antes: você terá que decidir. A diferença agora é que você tem novas opções e sabe o que de fato é investimento e o que não é. Para facilitar a sua escolha, recomendo que você faça um teste antes de decidir qualquer coisa. Abra uma conta numa corretora, transfira 100 reais e faça um investimento em Tesouro Selic, para sentir a adrenalina de ousar tirar o dinheiro do banco e assumir a responsabilidade sobre os seus investimentos pela primeira vez na vida. Durante um mês acompanhe a "trajetória" daqueles 100 reais. Veja como rendem, passeie pela plataforma da corretora, baixe o aplicativo, se ela tiver. Cultive o hábito de zelar pelo seu dinheiro. Esse exercício prático vai te dar a coragem necessária para fazer o mesmo com todo o restante que ainda está por vir.

Há ainda muitos fatores a considerar antes de investir qualquer quantia em qualquer tipo de aplicação. O principal deles é: qual é o carimbo desse dinheiro?

Lembra que você carimbou o dinheiro que gasta? Pois bem, agora chegou a hora de carimbar o dinheiro que vai trabalhar para você. Não adianta se perguntar onde investir se você não souber:

- O que vai fazer com o dinheiro;
- Quanto dinheiro tem de fato;
- Quanto precisa poupar mensalmente;
- Quando vai usar;
- Quanto espera ter no final do período.

Como eu já disse, a decisão de como e onde investir é sua, mas para dar uma forcinha vou compartilhar meus cinco hábitos para investir melhor. No início seu cérebro vai achar que é maluquice, por isso comece aos poucos e vá aumentando as doses desses cinco hábitos semana após semana. Comece hoje e você vai ver como a sua vida financeira estará diferente daqui a um mês.

1. Fale sobre dinheiro como quem fala sobre comida. Sem constrangimento, sem medo de ser feliz. Não tenha receio de perguntar ao

gerente do banco sobre aquela regrinha que você não entendeu ou de compartilhar quanto você economizou com determinada medida que adotou em casa. Como já expliquei no Passo 1, falar sobre dinheiro é a primeira providência para tratar a dinheirofobia, aquela condição que afasta qualquer pessoa das suas metas.

2. Leia o caderno de economia dos jornais todos os dias. Ok, nem sempre dá, mas no mínimo passe os olhos pelas notícias principais. Quem pretende ficar rico tem que conhecer mais sobre dinheiro.
3. Fique de olho nas siglas Selic, IPCA e nas demais que comandam a economia nacional. Sem saber a relação entre essas forças da natureza econômica fica difícil decidir em que investir. Se o que a gente quer é ganhar da inflação, como julgar uma aplicação sem saber de quanto foi a alta dos preços?
4. Tenha metinhas, metas e metonas. Quando sobra dinheiro e a gente não tem um objetivo, logo vem a tentação de gastar: "Ai, meu Deus, o que é que eu vou fazer com essa grana?" A essa altura, meu filho, já era. O Sidinelson vai acabar convencendo você a fazer uma aplicação que pode ser boa para as metas dele (Sidinelson, desculpe, mas eu tenho que falar a verdade), mas não para as suas finanças.
5. Conheça todas as modalidades de investimento disponíveis. (Este livro é um bom começo, mas você pode usar também o canal e o blog Me Poupe! para enriquecer todos os dias a sua cultura financeira!)

S.O.S. RESERVA DE EMERGÊNCIA

Ah, tem, sim uma provisão sobre a qual eu costumo fazer uma recomendação de investimento: o dinheiro da reserva de emergência. Você tem essa reserva, certo?

Se a resposta foi "Oi?", sem problemas. Vamos dar um jeito nisso agora.

A reserva de emergência é como uma caixa de primeiros socorros. Você tem, sabe onde está e torce para nunca precisar usar. Mas, se não houver outro jeito... você pode recorrer a ela.

Liquidação é emergência? Não.

Viagem de férias é emergência? Nunca.

Restaurante, capinha de celular e tênis novo são emergências? Em hipótese alguma.

Então, o que é emergência?

Desemprego, dente quebrado, carro batido, cachorro doente... Basicamente tudo aquilo que pode dar ruim quando se está vivo.

Essa reserva é aquele dinheiro guardado, como o próprio nome indica, para uma emergência. Acredito que uma boa reserva deva ser capaz de manter o seu padrão atual de gastos durante pelo menos seis meses. Ou seja, se o seu gasto mensal é de 4 mil reais, você, teoricamente, deveria ter 24 mil reais intocáveis, separados para o caso (toc, toc, toc) de subitamente deixar de ter renda ou outra necessidade, digamos assim, de força maior. Tirando situações extremas, a sua reserva de emergência precisa ser in-to-cá-vel.

Eu não recomendo que você aplique esse dinheiro na poupança. De maneira geral, o Tesouro Selic renderá mais do que a poupança, mesmo que você tenha que pagar imposto de renda. Minha sugestão é recorrer ao Tesouro Selic ou a qualquer outra aplicação que ofereça liquidez diária, ou seja, que você possa sacar quando precisar sem tomar prejuízo ao fazer isso – mas desde que essa aplicação ofereça, no mínimo, uma rentabilidade de 95% do CDI. Se você decidiu que começará a construir a sua reserva de emergência a partir de hoje, pode programar aplicações mensais no Tesouro Selic de maneira simples e prática.

POR FIM, QUERO FECHAR este capítulo fazendo uma reflexão (momento Nath séria) sobre o primeiro investimento que fiz na vida: a previdência privada.

Houve um tempo, lá pelos meus 18 anos, em que acreditei que a previdência privada era a única forma de garantir o meu futuro além do INSS. Anos mais tarde, percebi que o conceito de aposentadoria é que estava equivocado.

Vamos conversar sobre isso no capítulo 8, mas por enquanto quero que você grave o seguinte:

A vida não é uma linha reta de acontecimentos sequenciais sobre os quais você não tem autonomia. Todos os dias, cada um de nós tem nas mãos o poder de decisão sobre acordar cedo ou tarde, sobre o que fazer com o dinheiro, sobre a forma como vai lidar com os seus relacionamentos, com o seu trabalho, com a sua saúde e com o seu tempo, o bem mais precioso que todos nós temos.

E, se está nas suas mãos decidir o que será feito com o seu corpo, com o seu tempo e com o seu dinheiro, por que não usar esses recursos escassos da melhor maneira possível?

Quando entendi isso, pimba! Minha relação com o dinheiro mudou. Eu passei a usar meus recursos de forma mais inteligente e foquei em ser independente financeiramente – ou seja, poder continuar trabalhando apenas por prazer, e não mais por necessidade. Defini que minha metona seria ter 5 milhões de reais investidos e trabalhando para mim antes de completar 45 anos, para que, se eu quisesse, pudesse parar de trabalhar e deixar que meu dinheiro trabalhasse para mim. Detalhe: quando defini essa meta eu tinha 27 anos e aproximadamente 50 mil reais investidos.

Essa mudança de perspectiva fez com que eu enxergasse a previdência privada de outro jeito. Hoje, acho que cada um de nós, com disciplina e informação, consegue administrar o próprio bolo de investimentos melhor do que a maioria dos gestores desses planos. Porém, se você acha que isso não é para você, fique à vontade. Faça um plano de previdência privada. Mas, pelo menos, aprenda a se proteger das pegadinhas.

Pegadinha número 1. Taxas de carregamento e de administração. Salvo raras exceções, ninguém vai te falar sobre elas. A taxa de carregamento é um percentual que você deixa para o banco a cada nova aplicação na previdência privada. Ela pode variar de zero (sim, existem planos de previdência que não cobram nada) até 6% (eu já livrei gente de pagar isso e ganhei a gratidão eterna dessas pessoas). No final, quando você já tiver poupado uma montanha de dinheiro, essa porcentagem, mesmo que pareça pequena agora, vai resultar num numerão. Já a taxa de administração é como a força da gravidade: você não vê, mas ela existe e puxa você – ou, no caso, seu investimento – para baixo. A pergunta que faço é: por que pagar taxa de administração para o banco administrar um dinheiro que você mesmo poderia administrar? Eu não sei. Mas muita gente prefere fazer isso. Se for uma escolha consciente, eu respeito. Se não for, corra atrás de outra aplicação para o dinheiro do seu futuro.

Pegadinha número 2. As pessoas acreditam que, quando fazem uma previdência privada, têm que ficar agarradas a ela até o túmulo. Não é verdade. Existe no mundo das previdências um instrumento chamado portabilidade. Significa que você pode levar seu dinheiro para qualquer outra seguradora ou instituição bancária caso não esteja feliz com as condições ou com a rentabilidade daquela previdência que você contratou lá atrás, quando ainda não conhecia o Me Poupe!. Você manda no seu dinheiro. Sidinelson que nos desculpe, mas todos nós temos nossos filhos para criar.

Pegadinha número 3. Esta é sofrida: PGBL ou VGBL? O PGBL é indicado para quem faz a declaração do imposto de renda do tipo completa, isto é, tem muitas despesas para deduzir. Essa pessoa pode colocar até 12% da sua renda bruta anual em um PGBL e terá um benefício fiscal no momento de fazer a declaração do IR, porém pagará imposto de renda sobre o montante total acumulado no momento de retirar o dinheiro. O VGBL é para quem faz a declaração simplificada e não tem muitas despesas para deduzir. Nesse caso, o imposto de renda é cobrado apenas sobre o rendimento e já fica retido automaticamente no momento do resgate. Por isso, se quiser mesmo fazer uma previdência privada, apesar de todos os meus alertas, escolha o modelo mais adequado para você.

Pegadinha número 4. É a tributação. Difícil. Vamos pensar na Joaquina velhinha, meio caquética, indo ao banco toda feliz porque fez uma previdência privada e vai começar a sacar o benefício. Aí ela descobre que terá que pagar 27,5% de imposto de renda sobre o valor que está resgatando. Cuidado, porque existem dois tipos de tributação sobre esse investimento: a progressiva e a regressiva. Na progressiva, quanto maior for a sua retirada, maior será o imposto, variando de 0 a 27,5% (é o que pagou em 2016 alguém que resgatou por ano mais de 55.373,55 reais). Na regressiva, a mordida do leão diminui com o tempo. Ela começa em 35% para menos de dois anos de poupança na modalidade e termina em 10% para quem mantiver o dinheiro naquela previdência por mais de 10 anos.

Pegadinha número 5. Aquela que ninguém jamais vai te contar, a não ser eu: a rentabilidade que você terá na previdência privada é muito menor do que teria se aplicasse sozinho em outros tipos de investimento, por conta de tudo o que acabei de explicar. Comece, então, a pensar num plano para investir por conta própria na sua liberdade financeira, sem precisar de Sidinelson nem de banco, buscando informação correta e confiável e aplicando o seu dinheiro com discernimento e responsabilidade.

É para isso – buscar informação correta e confiável para investir com discernimento e responsabilidade – que você precisa do próximo passo.

CAPÍTULO 7

O valor do conhecimento

Busque quem sabe mais

Houve alguns episódios fundamentais para a minha decisão de mergulhar profundamente no mundo das finanças. Um deles aconteceu por volta de 2013 e envolveu a faxineira lá de casa. Nessa época, eu fazia parte do elenco de repórteres de um dos programas matinais de maior sucesso da TV brasileira, o *Hoje em dia*, da Rede Record.

(UM BREVE FLASHBACK PARA contar como tripliquei meu salário em duas semanas aos 24 anos.)

Quando comecei a estagiar no SBT, no final de 2005, meu maior desejo era ser repórter e apresentadora, e aquela era a minha melhor chance até então. Um ano depois, eu ganhava cerca de 3 mil reais – já contando com as horas extras e os adicionais noturnos – como produtora, editora, apresentadora do tempo e de notícias das celebridades da emissora. Trabalhava cerca de 15 horas por dia e fazia duas jornadas, uma de manhã e outra à noite. O que me davam para fazer eu fazia. Quando me convidaram para apresentar o quadro de celebridades no jornal da manhã, aceitei com muita dor no coração, temendo pelo fim da minha recém-iniciada carreira jornalística.

"E eu que queria cobrir uma guerra! O que vai ser de mim?", foi o que pensei na época.

Mas eu não tinha escolha. Era aquilo ou correr o risco de passar o resto da vida atrás das câmeras. Descobri que tinha feito uma ótima escolha quando recebi um telefonema com a oportunidade da minha vida:

– Alô?

– Nath?

– Eu!

– Menina, estou no *Hoje em dia*, da Record, e estão precisando de uma repórter que também apresente para cobrir as folgas dos apresentadores. Você topa?

Naquela época, 2009, o *Hoje em dia* disputava a liderança de audiência das manhãs. Todas as emissoras tentavam imitar o sucesso do programa.

– Claro que topo. De quanto é o salário?

Lembrando: eu ganhava cerca de 3 mil reais no SBT, além da grana que recebia como repórter da TV Jockey nos fins de semana, que me garantia cerca de 1.600 reais por mês. Valor total mensal: aproximadamente 4.600 reais, por 90 horas de trabalho semanais ou 360 horas de trabalho por mês.

Parou para fazer o meu Custo 100 naquela época? Eu parei. Eram necessárias quase 8 horas de trabalho para ganhar 100 reais. Mas para mim estava ótimo, pois eu chegava a cada dia mais perto de me tornar repórter e apresentadora, meu grande sonho até então.

A proposta da Record era de 8 mil reais. Falei que não valia a pena e pedi 10 mil. A contraproposta foi de 9 mil. Uma ligação me valeu 52 mil reais além do que eu ganhava por ano!

Passei a trabalhar menos tempo (cerca de 9 horas diárias, em média, de segunda a sábado), mas acabei precisando abrir mão do emprego na TV Jockey. Eu tinha negociado com meu novo chefe que continuaria trabalhando nas duas emissoras (o que aumentaria a minha nova renda mensal de 9 mil para 10.600 reais), mas uma ex-colega fez uma chacota com as condições precárias da TV Jockey em uma reunião de pauta. O editor-chefe ficou puto e sutilmente "sugeriu" que eu deixasse a minha fonte extra de renda de lado. Coisas da vida. Apesar disso, o meu Custo 100 caiu de quase 8 horas para duas horas e meia. Eu já tinha muito o que comemorar.

(Pausa para você pensar em quantas vezes negociou um salário antes de uma contratação. Se você nunca fez isso, comece a repensar o valor que dá ao seu trabalho.)

AGORA VOLTEMOS À HISTÓRIA da minha faxineira.

Ela era uma moça feliz, do tipo que cantava enquanto passava pano no chão. Chegava sempre bem-humorada. Mas um dia apareceu lá em casa preocupada e trabalhou em silêncio. Eu quis saber o que tinha acontecido.

– Estou preocupada com dinheiro, Nath.

Bom, tocou no meu ponto forte. Perguntei por quê.

– É que eu comprei um tênis para a minha filha e não sei como vou conseguir pagar as parcelas – explicou.

Isso é mesmo um problema. O mundo está cheio de gente que é rei das parcelinhas. Quando chega a fatura do cartão, nem lembra mais que parcela é de qual compra, de tantas que são.

– Mas quanto custou esse tênis, criatura?

– Paguei 800 reais – respondeu ela e ficou quieta.

Ela ganhava 600 reais por mês lá em casa. Não sei em quantas outras casas ela trabalhava, mas, de qualquer jeito, aquilo era muito dinheiro. Como alguém que ganha 600 reais compra um tênis de 800 reais para a filha? Por que alguém faria isso? Essa pergunta – por que alguém faria isso? – virou um problema e uma solução na minha vida. Foi o clique para que eu começasse a pesquisar seriamente as razões pelas quais uma pessoa gasta mais do que ganha, mesmo sabendo que isso sempre acaba mal.

Fui em busca de respostas e fiz uma imersão em educação financeira. Não era para a TV: era para mim, para a Nath pessoa física que tinha uma história de poupança e de afinidade com o mundo dos investimentos. Li livros. Assisti a palestras sobre psicologia econômica. Fui ficando cada vez mais apaixonada pelo assunto.

Um dia, caiu uma ficha importante. Eu entendia cada vez mais de educação financeira. Sabia que um monte de gente precisava de ajuda, pessoas de todas as classes sociais: o endividamento não poupava ninguém e não era uma questão de quanto se ganhava, e sim de quanto se gastava. Um mau hábito. Eu estava na televisão, em uma emissora com boa audiência, fazendo um programa que me dava acesso a milhares de pessoas. Por que não passar adiante, de um jeito fácil e divertido, as informações que eu vinha garimpando?

Por que não fazer um reality show sobre educação financeira?

Sou a "tarada dos realities", principalmente daqueles do tipo *Bar Rescue*, *Esquadrão da moda*, *O sócio* e por aí vai...

Fui procurar a chefia.

"Tive uma ideia de um reality bem legal", disse. "Vou tirar a pessoa do inferno das dívidas e levá-la para o lado da luz", expliquei, praticamente uma missionária da poupança e do investimento.

Consegui despertar a atenção do chefe.

"Nossa, que boa ideia! Põe no papel e me entrega."

Fiquei empolgada. Eu já estava um pouco cansada da rotina da reportagem e, àquela altura, não via muita perspectiva na emissora (TV é um mundo à parte, mas isso é assunto para outro livro). Em quatro anos de Record, eu já tinha feito mais de mil reportagens. Entre as mais marcantes estão uma série sobre adoção, que me abriu os olhos para a crueldade da espera por uma família a que milhares de crianças estão sujeitas; a cobertura do tsunami no Japão, que me deixou com um medo danado de possíveis efeitos colaterais provocados pela radiação; uma série de reportagens sobre a tragédia da boate Kiss em Santa Maria, no Rio Grande do Sul, que matou 242 jovens, a maioria por asfixia; além de algumas dezenas de reportagens mostrando histórias inspiradoras de superação. Subi morros cariocas em busca de droga com a polícia, me disfarcei de familiar de um adicto para mostrar a realidade da Cracolândia em São Paulo, viajei para os quatro cantos do país. Conheci o Brasil como ele realmente é: gigante, complexo, violento, hostil, corrupto, ignorante e, ao mesmo tempo, generoso e potencialmente rico em todos os aspectos.

Quando se tem a oportunidade de conhecer e vivenciar realidades tão distintas de uma maneira tão intensa, o tempo parece passar em outra velocidade. A correria da reportagem e a pressão pela audiência fazem você crescer. Pelo menos foi este o meu objetivo durante esse período: ser melhor a cada dia. Não para os meus chefes nem para os colegas, mas para mim.

Cheguei à elite da reportagem. Era enviada para as melhores matérias internacionais, ganhava um salário excelente, do qual poupava e investia entre 70% e 60% todo mês. Então percebi que já não tinha mais para onde crescer. Virar apresentadora do programa, que seria o passo natural, poderia demorar anos e não era bem o que eu queria.

Na verdade, já tinha abandonado o desejo de me tornar âncora de telejornal. Gosto de escrever, e a ideia de ler no ar algo que outras pessoas tinham redigido de repente me pareceu desestimulante. Algo que não iria me preencher.

Mas um reality show no qual eu pudesse ajudar as pessoas fazia sentido para mim.

Fiz o que o chefe havia pedido. Planejei o programa com o máximo de detalhes que consegui e entreguei a ele, que prometeu avaliar. De vez em quando eu perguntava, e nada. A resposta era sempre meio genérica: "A gente está vendo." Ah, tá.

Algumas semanas se passaram. Um dia, abordei um assistente de direção com quem eu tinha mais intimidade.

– E aí? Aquele projeto que eu entreguei, o reality, será que vai rolar?

Nunca mais vou esquecer.

Estávamos na porta da redação. Ele colocou a mão no meu ombro com gentileza e falou:

– Nath, você não vai ficar chateada?

Claro que vou. (Toda vez que alguém faz essa pergunta é porque vai dizer algo que vai nos chatear.) Mas disse:

– Não. Por que ficaria?

– Seu projeto é tão bom que outra pessoa vai fazer. Um apresentador mais experiente. – E disse o nome da pessoa.

Na hora eu não consegui pensar em absolutamente nada. Sentia frustração, sensação de injustiça, raiva... só para começar. Fiquei muito pê da vida! Ao mesmo tempo, comecei a me sentir estranhamente motivada. (Você já sabe o poder que o NÃO exerce sobre esta que vos escreve!) E, apesar da confusão de sentimentos, ali, naquela hora, eu fiz a única pergunta cuja resposta me interessava:

– O que ele tem que eu não tenho?

– Ele é formado em economia. Entende mais do assunto. Por favor, não fica chateada.

Foi o segundo grande NÃO da minha vida. E, da mesma forma que tinha acontecido com o primeiro, ele foi o combustível para ir em busca do SIM. Quando me recuperei dos sentimentos ruins que se seguiram ao choque da revelação, meu primeiro pensamento foi: "Então, se não vai ser aqui, vai ser em outro lugar."

Continuei trabalhando normalmente como repórter e no tempo livre me dedicava ao meu plano B.

Passei a ativar toda a minha rede de contatos. Conversei com amigos apresentadores em outras emissoras: NADA.

Fui atrás de produtoras de cinema dispostas a financiar a minha ideia genial: NADA.

Foi então que uma amiga me apresentou a um rapaz que era cineasta e topou me ajudar a estruturar um projeto para a TV a cabo. Ele me orientava, eu criava o conteúdo e colocava a mão na massa. Seis meses depois, eu era autora de um projeto de TV pronto para ir ao ar!

"Agora vai!", pensei.

E...

NADA.

Um ano depois que sugeri o tal reality, houve uma dança das cadeiras na emissora, meu diretor saiu e outro assumiu o cargo. A minha ideia ainda não tinha saído do papel. O programa não tinha ido ao ar.

"É agora!"

Àquela altura, no final de 2014, minha maior ousadia tinha sido criar um blog chamado poupecomsara. Sara foi como me apelidaram carinhosamente por causa dos judeus, que cuidam muito bem do dinheiro. Óbvio que o apelido tinha como objetivo me zoar. Mas, em vez de aceitar o desaforo e baixar a cabeça, não apenas acionei o quarto F como usei o nome para batizar o meu blog. Se eu mudasse a vida de uma única pessoa, talvez o meu chefe notasse meu esforço e me desse a chance de ter um quadro na TV em que eu poderia mudar a vida de milhares delas.

No blog, que eu mesma criei sem o menor conhecimento de tecnologia, eu dava dicas de economia doméstica, compartilhava minha visão de mundo em relação ao dinheiro, visitava pontas de estoque em busca de oportunidades reais de compra e buscava ganchos divertidos para inserir as finanças pessoais no cotidiano das pessoas, usando textos do tipo "5 celebridades falidas e o que você pode aprender com elas".

Diante de tudo isso, cheguei para o novo diretor e disse:

– Eu propus um quadro que pode dar muito certo!

E contei a história para ele.

NADA.

Certo dia, quando compartilhei um post do meu blog, um primo comentou: "Quem você acha que é para escrever sobre isso? Você nem é economista!"

Foi então que veio o estalo: era óbvio! Não bastava eu praticar a educação financeira, ler dezenas de livros sobre o assunto, pesquisar, participar de congressos e cuidar bem do meu dinheiro. Eu precisava SER ALGUÉM no mundo das finanças se quisesse chegar ao público da TV. Era o início de 2015 e eu tinha acabado de me separar. A ideia de que poderia fazer algo pelas mulheres financeiramente dependentes do marido, somada àquele momento de liberdade pessoal, me fez acordar para a vida.

Se o problema era conhecimento, era fácil dar um jeito. Eu, que até aquele momento era uma autodidata das finanças pessoais, decidi estudar para valer. Percebi que, se não me preparasse, não me qualificasse, aquele "não" me assombraria por muito tempo.

Levantei, sacudi a tristeza e o desapontamento e fui em busca de informações sobre o curso de graduação em economia. Logo descobri que os economistas estudavam os grandes cenários e não necessariamente mergulhavam nas finanças pessoais, no cotidiano das pessoas.

Na verdade, acabei conhecendo muitos economistas endividados, o que me fez pensar que, se não conseguiam dar um jeito nem na própria vida financeira, como iam ajudar alguém a sair do buraco e virar investidor?

Achei que esse caminho não faria muito sentido para mim e seria apenas um desperdício de tempo e dinheiro.

Foi difícil, mas achei um curso de Planejamento Financeiro Pessoal no Insper, uma das instituições mais prestigiadas do Brasil. O curso de três meses custava na época 5 mil reais. Achei curioso o fato de muitas pessoas que me julgavam "muquirana" terem vindo me alertar do risco de fazer um investimento tão alto naquele momento conturbado da vida, em que estava me separando.

Fiz e jamais me arrependi. Tenho absoluta certeza de que aqueles 5 mil reais foram os principais responsáveis pelo meu primeiro milhão anos depois. Li mais um monte de livros. Fiz milhares de cursos. Participei de trocentos simpósios. Descobri e cultivei mentores, pessoas a quem eu recorro até hoje quando tenho questões que não consigo resolver – e eles sempre encontram um tempinho para mim, talvez porque vejam o meu entusiasmo e a minha paixão por compartilhar o conhecimento.

O ano de 2015 foi transformador na minha vida. Eu me separei, entrei no Insper, me inscrevi em um curso da Sociedade Brasileira de Coaching, criei o blog mepoupenaweb e o canal Me Poupe!. Para fechar o ano com chave de ouro, ganhei o Prêmio IBCPF (oferecido pelo Instituto Brasileiro de Certificação de Profissionais Financeiros).

Passo 7. Nunca pare de aprender.

O QUE VAI FAZER você enriquecer mais rápido: trabalhar mais, conhecer pessoas ou estudar mais?

Eu não tenho dúvidas de que é estudar mais e com objetivo. Em segundo lugar, conhecer pessoas. E, por último, trabalhar mais.

Por que eu penso assim? Porque o conhecimento foi o investimento que mais alavancou a minha vida profissional.

Os cinco livros que mudaram a minha vida financeira

(eu recomendo, mas não empresto)

- ***Como organizar sua vida financeira***, de Gustavo Cerbasi. Nesse eu não tive nem que investir, porque ganhei do autor ao fazer uma entrevista com ele quando eu ainda era repórter e queria aprender sobre o assunto. É um livro técnico e didático escrito pelo cara que eu considero o papa das finanças pessoais.
- ***Adeus, aposentadoria***, também do Gustavo Cerbasi, abriu meus olhos para entender que a minha tranquilidade financeira no futuro dependeria não do INSS, mas da minha capacidade empreendedora hoje.
- ***A mente acima do dinheiro***, de Ted e Brad Klontz. Foi com esse livro que eu comecei a perceber como eventos que aconteceram há muito tempo, na infância, por exemplo, estão relacionados com as nossas atitudes em relação a dinheiro e repercutem na nossa vida hoje. Tudo baseado em estudos muito sérios e reveladores.
- ***Rápido e devagar – Duas formas de pensar***, de Daniel Kahneman. O autor, que recebeu o Prêmio Nobel de Economia em 2002, explica como funcionam os dois sistemas do nosso cérebro: o sistema 1, mais rápido, e o 2, mais lento e ponderado – aquele que você precisa desenvolver para poupar mais dinheiro e não sair por aí comprando tudo por impulso.
- ***As armas da persuasão***, de Robert B. Cialdini. Ao conhecer melhor as estratégias que as pessoas usam para nos convencer a comprar, fiquei mais esperta. O autor juntou em um livro todas as artimanhas dos vendedores, como uma espécie de Mister M das vendas, entregando o ouro – e também nos ajudando a usar essas armas a nosso favor, quando for conveniente para nós e para o nosso sucesso financeiro.

Boas leituras pra você!

Eu já tinha pesquisado bastante sobre psicologia econômica quando cheguei à conclusão de que entender a mente humana e seus processos não seria suficiente para mudá-la. Eu precisava de ferramentas específicas para transformar pessoas falidas em mulheres e homens capazes de escolher o destino das suas finanças. E sabia que não era ensinando o povo a mexer em planilhas que eu conseguiria isso. Sempre acreditei que o mero conhecimento matemático não mudaria a vida financeira de ninguém. Minha missão era fazer as pessoas enxergarem que o abismo que as separa de uma relação mais saudável com o dinheiro são os próprios comportamentos e as pequenas decisões do dia a dia.

Fui fazer o curso na Sociedade Brasileira de Coaching a fim de aprender argumentos cada vez mais convincentes para emplacar o meu ponto a favor do bom relacionamento com o dinheiro. Eu queria ter na ponta da língua respostas a perguntas que ouvia sempre, do tipo: "Para que eu vou guardar dinheiro? E se eu morrer amanhã? Não terei aproveitado um monte de coisas boas da vida." Ora, meu filho, você vai poupar porque há uma possibilidade enorme de que você viva por muitos anos, e aí, sem um pé-de-meia, você estará ferrado.

O coaching de fato me deu muitas ferramentas para preparar boas respostas e principalmente boas perguntas para os outros, mas a pessoa mais beneficiada fui eu. Mudou a minha percepção da vida. Eu, que achava que meu discurso de educação financeira só seria ouvido se estivesse na TV (demorei para virar essa chave), percebi que havia muitos outros espaços que poderia ocupar. Ouvi de muita gente que não daria certo e acreditei nisso durante um bom tempo. Até que decidi parar de acreditar. Foi a melhor decisão que tomei na vida e certamente a que mais contribuiu para o meu enriquecimento – em todos os sentidos.

Descobri que, para crescer, eu precisava de gente com muito mais experiência que eu, e fui em busca dos melhores. Quanto mais você estuda, mais entra em contato com gente que sabe mais do que você; e quanto mais convive com gente melhor do que você, mais você progride – inclusive do ponto de vista financeiro. Vários gurus da internet pregam isso porque é verdade. Você é a média das cinco pessoas com quem mais convive. (Infelizmente, isso também é verdadeiro para situações indesejáveis. Um estudo publicado em 2007 pelo *New England Journal of Medicine* acompanhou cerca de 12 mil pessoas durante 32 anos e concluiu que, quando um amigo se torna obeso, nossa probabilidade de ganhar peso também aumenta. E não aumenta pouco, não: a chance de isso acontecer sobe 57%!)

Foi por essas e outras que tomei a decisão de renunciar a relacionamentos que não me agregavam absolutamente nada.

"Sério? E como se faz isso, ó mestra soberana?"

Só vou responder por causa do elogio, já estava sentindo falta.

Para se livrar de uma âncora financeira, ou seja, de uma pessoa que não deixa você sair do lugar, o primeiro passo é identificá-la. Saiba, porém, que essa pessoa pode ser seu pai, sua mãe, seu irmão, seu parceiro ou seu melhor amigo. Identificada a âncora, há duas opções: evitar qualquer tipo de contato com ela (nem mesmo no WhatsApp, no Instagram ou no Facebook) ou blindar-se contra os comentários nocivos que ela pode disparar na sua direção, o que também não é nada fácil. Somente quando estiver muito seguro dos seus valores e potenciais é que será possível direcionar o quarto F a uma pessoa âncora.

Caso você tenha se esquecido, o quarto F significa… FODA-SE A SUA OPINIÃO.

Por mais difícil que tenha sido em alguns momentos, mantive a lucidez e passei a me aproximar somente de quem me faz bem, de quem agrega valor ao meu cotidiano (e não estou falando de valor financeiro). O outro lado dessa moeda é que me afastei de pessoas medíocres, aquelas que ocupam 100% do seu tempo falando sobre... NADA. Portanto, fica aqui o meu recado: aproxime-se de gente extraordinária. Pessoas extraordinárias falam sobre planos, ideias e compartilham experiências que podem, de alguma forma, te fazer crescer.

Vou ajudar com uma pergunta: se você pudesse passar uma tarde inteira conversando com uma pessoa, quem seria ela? Pense em alguém que está no seu círculo de amizades e, caso não encontre ninguém, puxe pela memória alguém da família, do trabalho, do bairro e assim por diante. Pensou? Então crie situações para que possa ficar perto dela, ouvir o que tem a dizer e se inspirar. Ah, não conhece ninguém? Então, quem é a pessoa mais bem-sucedida, com mais potencial para trazer valor à sua vida, que você gostaria de conhecer? Crie estratégias de aproximação e contato. Corra atrás. O conhecimento não vai bater à sua porta. É você que tem que buscá-lo.

Eu fiz isso na cara dura e continuo fazendo. Uma vez, quando me preparava para ser mestre de cerimônias de um evento voltado para o mercado de cultura pop, tive o prazer de trabalhar em parceria com Marcos Avó, fundador da Lunica Consultoria e um dos maiores estrategistas de negócios do Brasil. Aquele cara sabia tudo o que eu precisava saber.

Grudei nele e fiz uma aposta: se eu conseguisse levar o Ronaldo Fenômeno para palestrar no evento, ele me daria de presente uma mentoria. Ronaldo nunca pisou no palco, mas ganhei de brinde um mentor, amigo e conselheiro sem o qual o Me Poupe! talvez não tivesse crescido tão depressa. A hora dele custa milhares de reais, mas até hoje, quando tenho alguma dúvida existencial, escrevo para ele e pergunto: "O que você acha? Se fosse você, o que faria?"

Ele responde marcando uma reunião. Uma vez mestre, sempre mestre.

Com o tempo, fui conhecendo outras pessoas a quem recorro quando tenho questões mais ou menos sérias. Elas abrem espaço para mim em suas agendas lotadas e eu, claro, estou lá quando podem me receber. Gente como Vera Rita de Mello Ferreira, minha professora, mentora e a maior autoridade em economia comportamental do Brasil, e Villela da Matta, fundador da Sociedade Brasileira de Coaching e uma das minhas maiores inspirações. E, por último e não menos importante, meu atual marido, Erico Borgo, a primeira pessoa a incentivar a profissionalização do Me Poupe!. Quando nem eu acreditava que era capaz, ele me dizia: "E quem disse que você precisa ser economista para ensinar às pessoas? Você tem mais paixão do que qualquer outro ser humano para falar de dinheiro. O que você precisa é de mais disciplina e tratar o blog e o canal como se fossem um negócio. Tem que postar toda semana, ter periodicidade, melhorar sempre..."

Resumo: Case-se com alguém que acredita em você, mas não passa a mão na sua cabeça.

As pessoas à sua volta não são nada inspiradoras? Eu entendo... Mas até para isso já criaram solução. Tem uma bem antiga, que aliás você está usando neste momento, chamada livro.

A outra, mais moderna, chama-se internet.

Hoje, não existe (quase) nada que não esteja na internet. Com um pouco de tempo e disciplina para se organizar, você consegue assistir até a aulas da Universidade Harvard, uma das melhores do mundo. Ah, não entende inglês? Há um monte de cursos de inglês on-line que ajudam de verdade quem quer aprender. Seja autodidata, autoeficiente, autolimpante (ops, me empolguei) e várias outras coisas "auto" que eu descobri no processo de coaching e que são características das pessoas mais bem-sucedidas do mundo.

O próximo passo vai te mostrar por que todo esse papo é realmente importante. Você já vai entender tudo.

CAPÍTULO 8

Independência financeira

Comece a planejar seu futuro agora

Nos meus workshops e palestras, costumo fazer uma pergunta dura. A mesma que vou fazer para você agora. Preparado? Pois então me responda: se a sua fonte de renda – seu salário, digamos – acabasse hoje, por quanto tempo você conseguiria manter o mesmo padrão de vida?

1. Dez anos? (Essa é só para provocar mesmo!)
2. Mais de dois anos? (Se alguém optar por essa, já tô feliz.)
3. Até seis meses? (Resposta da maioria.)
4. Nem uma semana? (Se você escolheu esta opção, continue lendo, por favor!)

A esta altura, espero que você já esteja cuidando da sua reserva de emergência e que, no mínimo, faça parte do grupo dos seis meses. Então está na hora de conversar sobre uma ideia espetacular, um objetivo financeiro que vai muito, mas muito além da reserva de emergência.

Quero falar sobre independência financeira.

Mais do que isso: quero convencer você a começar a pensar nessa meta-mãe e a planejar como conquistá-la. Você vai entender que tudo o que escrevi até agora faz ainda mais sentido quando se persegue esse objetivo.

A maioria das pessoas tem um conceito equivocado de independência financeira, por isso deixa de alcançá-la. Para que você nunca mais erre: independência financeira não é ter dinheiro para comprar tudo o que você quiser. Não é sair da casa dos pais. Não é ganhar o suficiente para pagar todas as contas e ainda sobrar alguma grana. Independência financeira significa ser sustentado pelo seu dinheiro. Significa que você pode trabalhar apenas se quiser e no que quiser, porque o seu dinheiro, poupado e bem investido, está trabalhando para o seu sossego e a sua tranquilidade. Ou seja:

INDEPENDÊNCIA FINANCEIRA = LIBERDADE DE ESCOLHA

Ficou claro para você? Pois é isso mesmo. Tem gente para quem independência financeira é aposentadoria. É parar de trabalhar. Ou trabalhar só no que gosta. Ou trabalhar menos, preservando a alegria de fazer o que curte sem precisar cumprir jornadas longas. Não importa: isso é você que decide. O mais importante é justamente ter essa liberdade de decidir. Porém ela só virá depois que o seu dinheiro estiver trabalhando para você.

Quando eu me toquei de que essa tal de independência financeira existia, tudo em que eu acreditava até então sobre dinheiro começou a mudar. Eu tinha uma previdência privada, acreditava que essa era a única maneira de garantir uma velhice tranquila e já fazia as contas para saber quanto receberia todos os meses. Assim como boa parte dos brasileiros, fui guiada pelo senso comum de que a vida está restrita a:

NASCER
ESTUDAR
TRABALHAR E SERVIR
TER FILHOS
SE APOSENTAR
MORRER

Até que descobri que ser independente financeiramente era a chave para viver de acordo com as minhas próprias regras. Eu não ficaria mais à mercê dos meus patrões nem do governo. Não precisaria esperar a vida inteira para juntar dinheiro. Poderia ser independente muito antes, mas, para isso, precisava ganhar muito mais dinheiro. Um aumento, ainda que substancial, não ajudaria na minha meta de ser independente aos 45 anos. A saída mais eficaz era empreender e construir um patrimônio mais robusto com a ajuda do trabalho de outras pessoas.

Talvez você nunca tenha pensado no seu emprego desta maneira, mas deixa eu te contar uma coisa: se você é um funcionário assalariado, seu patrão aluga o seu tempo para que você o enriqueça cada dia mais. Agora imagine se você tivesse uma pequena empresa e fechasse contrato com outra para receber o equivalente ao seu salário atual, mas pudesse pagar metade do que você ganharia para outra pessoa trabalhar no seu lugar. Você já teria garantido a metade do seu salário e ainda teria tempo livre para trabalhar em outro lugar ganhando o valor integral que costuma cobrar por seus serviços. Por exemplo, se você recebia 4 mil reais, teria agora a chance de embolsar 6 mil. Ou seja, 2 mil da metade do salário que terceirizou e mais 4 mil que poderia ganhar em outro trabalho. Parece legal, não?

Pense em quanto dinheiro você poderia acrescentar à sua renda se essa dinâmica se repetisse muitas vezes. Essa é a lógica simplificada do empreendedorismo. A realidade de quem aceita o desafio de ser dono do próprio negócio é muito mais complexa, porém as chances de enriquecer de verdade aumentam consideravelmente.

Esse foi o caminho que escolhi quando, em dezembro de 2015, decidi pedir demissão do cargo de repórter e abrir mão de um salário de 13 mil reais por mês para me dedicar à minha empresa, o Me Poupe!. Tracei metas, planejei minha trajetória e o resultado foi que ganhei mais dinheiro em dois anos de empreendimento do que em toda a minha vida, e ainda reduzi minha meta de independência financeira dos 45 para os 35 anos.

Você, que me acompanha pelo blog mepoupenaweb e pelo canal Me Poupe!, sabe que sou apaixonada pelo que faço e obcecada por desatar os nós da vida financeira dos brasileiros. Venho fazendo isso de maneira honesta, democrática, usando uma linguagem simples e ainda por cima tentando fazer você se divertir enquanto me esforço para enfiar na sua cabeça conceitos como CDI, CDB, Tesouro Direto, previdência privada e muito mais. Não tenho nenhum plano de parar – mesmo porque, no nosso país, assunto para o Me Poupe! é que não falta (difícil até escolher sobre o que falar, né, meu povo?).

Mas o fato é que eu rego a plantinha da independência financeira todos os dias e estou decidida a fazê-la florescer o mais breve possível. Quero aproveitar a maravilha de trabalhar apenas pelo prazer, sem ter que me preocupar com as contas (que serão todas pagas pela quantia repolhuda que plantei, adubada todo mês pelo meu filho Juro Composto). E desejo, do fundo do coração, que o mesmo aconteça com você.

Quando decidi conquistar minha independência, comecei a pensar no que era preciso para viabilizar esse objetivo. Fiz, então, um planejamento estratégico: como eu já tinha um trabalho apaixonante e ainda por cima estava motivada por um bom propósito, turbinei a minha veia empreendedora. Hoje o canal e o blog já são reconhecidos pelo mercado e o trabalho com publicidade está consolidado, o que me deixa cada dia mais perto da minha independência financeira. Mas só isso não basta. Quero te levar comigo. Vem!

Passo 8. Esqueça o que te disseram sobre aposentadoria.

FICOU ANIMADO, NÉ?

Mas, para ter essa liberdade no futuro, é preciso começar a se planejar já. Lembre-se: não existe linha de chegada sem o primeiro passo. Mexa esse traseiro e bora enriquecer.

No caminho para a sua independência financeira, o primeiro movimento é descobrir quanto você custa. Isso é fácil. Você já fez a conta lá no capítulo 3, lembra? Se não fez, volta lá e faz. Não adianta você pagar pelo livro e ler todas as minhas instruções se não estiver disposto a colocá-las em prática. Se está realmente decidido a mudar a sua vida financeira, faz logo o exercício!

Fez? Ah, eu sabia que esse chicoaching (chicote + coaching) ia funcionar!

Bom, vamos imaginar que você chegou à conclusão de que vive bem com 3 mil reais por mês e que faz sentido projetar esse padrão para o futuro. Em termos de independência financeira, sabe o que isso significa? Que você precisa ter uma quantia X aplicada que renda 3 mil reais por mês pelo resto da sua vida.

"Ok, minha deusa da riqueza, e que quantia é essa que me renderia 3 mil reais por mês pelo resto da vida?"

Eu fiz esse cálculo para você. Para garantir esse dinheiro – pensando num cenário realista e conservador em que todas as suas aplicações renderão pouco mais de 4% ao ano acima da inflação –, você teria que acumular aproximadamente...

1 MILHÃO DE REAIS.

Com essa quantia, você poderia sacar 3 mil reais todo mês sem se desfazer do valor principal.

Se assustou? Enfartou? Você ainda está aí? Helloooo?

Não fique triste. Não desanime. Estou aqui para ajudar. Bom, ao fazer as contas, descobri que você precisaria poupar 2.500 reais por mês durante 20 anos para juntar essa quantia e tornar-se independente financeiramente.

"Como assim, Nath? Não há a menor hipótese de eu conseguir poupar 2.500 reais por mês durante 20 anos!"

Essa não é a mentalidade que você tem que cultivar. Assuma uma atitude positiva e coloque os 2.500 reais como meta. Esse é o diferencial das pessoas que enriquecem. Diante desse desafio, elas pensam:

"Caramba, é mais simples do que eu imaginava! Bora arranjar um jeito de ganhar mais e gastar menos!"

Talvez esses valores não estejam de acordo com a sua realidade. Mas você não precisa se prender a eles, pode fazer simulações por conta própria. Basta entrar no blog mepoupenaweb, ir para a aba planilhas e baixar a incrível, maravilhosa e gratuita planilha da Independência Financeira, que permite que você imagine cenários diferentes, mudando o valor do investimento mensal, o número de anos por que pretende investir e a rentabilidade da aplicação.

Quando você preencher os campos on-line, pode trabalhar com valores mais adequados ao seu bolso para saber ao fim de quantos anos terá juntado o suficiente para ter uma renda que lhe permita ter o padrão de vida que deseja no futuro. Tudo fica mais fácil quando você começa a poupar desde cedo, pois quanto mais tempo você aplicar o dinheiro, menor o valor que precisará investir por mês. Lembre-se: o meu filho Juro Composto vai estar lá para te ajudar.

Veja a seguir uma simulação feita com o exemplo que acabei de dar:

Independência financeira

Aporte inicial: Valor inicial que você irá separar para começar a investir

Aporte mensal: Quanto você investirá todo mês

Rentabilidade líquida: Quanto sua aplicação rende, descontada a inflação. Exemplo: se sua aplicação rende 0,7% ao mês e a inflação é de 0,3% no mesmo período, então sua rentabilidade real é de 0,4%

Aporte inicial:	R$ 2.500,00
Aporte mensal:	R$ 2.500,00
Rentabilidade líquida:	0,40%
Anos de Investimento:	20
Taxa IR	15%
Renda mensal	R$ 3.132,98
Líquido acumulado	R$ 949.451,61
Apenas juros	R$ 408.178,37
Retido IR	R$ 61.226,76

Ao preencher a planilha, tome cuidado para não cair em algumas armadilhas. Ao indicar a rentabilidade da aplicação escolhida, nunca coloque simplesmente quanto ela rende. Digamos que o gerente do seu banco, o Sidinelson, te convença a investir num fundo cuja rentabilidade é de 0,5% ao mês. Se a inflação mensal também ficar em 0,5%, sabe o que vai acontecer com o dinheiro aplicado? Nada! O rendimento vai apenas empatar com a inflação.

A inflação é aquela força invisível que faz os preços aumentarem e, consequentemente, o seu dinheiro perder valor com o tempo. Por exemplo, 100 reais esquecidos em um porquinho 10 anos atrás compram menos coisas hoje por causa do efeito corrosivo da inflação. Logo, nunca deixe dinheiro no porquinho por muito tempo.

Se o rendimento empatar com a inflação, você não perde, mas tampouco ganha. Você não perceberá de início a erosão do seu dinheiro se não fizer retiradas. Mas, daqui a 20 anos, quando começar a fazer saques mensais, vai se dar conta de que o montante diminuirá pouco a pouco. Para que isso não aconteça e você possa desfrutar com tranquilidade da sua renda vitalícia, sua aplicação precisa render SEMPRE acima da inflação.

Outra pegadinha é o imposto de renda. Muitas aplicações seguras e rentáveis são tributadas, ou seja, você precisa pagar imposto de renda sobre o que ganhou com elas. O imposto devido é apenas sobre o lucro, não sobre todo o montante. Portando, considere o Fator Leão ao escolher o investimento que mais rápido levará você a conquistar a independência financeira.

Agora, uma notícia boa.

"Caramba, até que enfim!"

Os maravilhosos juros compostos vão fazer uma mágica com o seu dinheiro aplicado. Você pode contar com eles para aumentar o bolo acumulado, o que, consequentemente, irá melhorar a sua renda mensal no futuro.

E, ANTES QUE ESTE capítulo acabe, quero tocar num ponto delicado, porém muito importante: independência financeira é um projeto individual que requer comprometimento e autoestima. Cada um de nós tem que cuidar do próprio dinheiro sem depositar nas mãos de outra pessoa – por mais amada, especial e única que ela seja – a responsabilidade pela tranquilidade financeira no futuro. É diferente de fazer planos a dois: quando a gente encontra alguém que ama de verdade, é natural e saudável querer comprar uma casa juntos, programar viagens sensacionais, fazer um investimento em nome do filho que ainda vai nascer. Pode até ser que você e seu parceiro envelheçam juntos e juntos permaneçam até que a morte os separe. Não estou agourando o seu relacionamento; longe de mim, que quero que você seja rico e feliz. É importante ter sonhos em conjunto, mas a minha experiência mostra que, quando cada um tem metas individuais e planejamento para executá-las (e a independência financeira é uma meta-mãe), o relacionamento se torna mais sólido – porque está ancorado no amor, não na dependência.

#ficaadica

Estamos quase lá, nos aproximando do fim da jornada rumo à riqueza. Chegou o momento de olhar para o que você pode estar fazendo de errado e que, inconscientemente, o está empurrando para a pobreza. O momento de entender que, ao buscar a independência financeira, temos que estar preparados para assumir a responsabilidade pelos nossos atos. Eu garanto que você será uma pessoa melhor depois de ler o próximo capítulo. Coragem!

CAPÍTULO 9

A responsabilidade é toda sua

Saia da zona de conforto e elimine a autossabotagem

Vou começar este capítulo com uma revelação bombástica sobre o meu passado de repórter de TV.

Quando recebi o convite para trocar o SBT pela Record, meu futuro chefe me perguntou:

– Nathalia, você é repórter e apresentadora, certo?

Nem pisquei.

– Exato.

– Inclusive está preparada para apresentar nos fins de semana, se for preciso?

– Claro, pode contar comigo! Fim de semana, feriado, Natal, Ano-Novo...

Sabe quantas matérias para TV eu tinha feito até então?

Três.

Experiência como apresentadora: TV Jockey, aulas de locução no Senac e previsão do tempo. Fala sério, era uma baita experiência! Só que não.

Tecnicamente, não se pode dizer que faltei com a verdade. Porém eu talvez não tivesse a experiência que ele acreditava que eu tinha e pela qual estava me oferecendo um salário bem acima do que eu ganhava até então. Mas naquele momento, diante da maior oportunidade da minha vida, não podia recuar. Aquele cara precisava acreditar que estava diante da pessoa certa e, se eu fosse escolhida para a vaga, não descansaria até me tornar de fato a melhor apresentadora e repórter do programa.

Se eu não tive medo? Claro que tive! Duas semanas depois de ser contratada, me jogaram num link, aquelas entradas ao vivo durante um telejornal, sabe? Me avisaram apenas na véspera. Não dormi e tive um piriri daqueles, mas me preparei o melhor que pude e, na hora H, tentei ser o mais natural possível. Gaguejei, tirei sarro de mim mesma (eu já tinha lido que tirar sarro dos próprios erros é coisa de gente segura), mas por dentro estava em pedaços. Quando o link acabou, eu sabia que meu desempenho estava bem aquém do ideal, mas aquele era meu sonho – não podia desistir só porque a minha primeira vez tinha sido um horror. Sabia que tudo o que eu precisava era de tempo para treinar e errar menos da próxima vez.

Fui ginasta e jogadora de vôlei até os 17 anos e, se tem algo que o esporte me ensinou, foi que, se você não treinar, não adianta esperar um resultado excelente. O treino deixa o corpo preparado e a mente confiante, porque você fica com a lembrança de que já fez certo uma vez. Na hora do jogo, é só repetir. No trabalho a lógica é parecida, mas muitas vezes a gente tem que entrar em campo jogando sem treino, sem preparo. A rotina é o treinamento mais duro que existe porque nem sempre você tem um "treinador" para indicar o movimento certo.

Se não fosse o meu hábito de perguntar "Como eu me saí? O que pode melhorar?" e de analisar cada uma das reportagens que fiz durante os dois primeiros anos de Rede Record em busca de erros e de possibilidade de melhorias, talvez não tivesse aprendido tanto. Agradeço todos os dias por ser a pessoa que mais exige de mim mesma. Talvez de modo intuitivo, eu sempre soube que ficar na zona de conforto é como estar mergulhada na merda.

"Oi? Ela disse mergulhada na merda?"

Disse.

Pensa comigo: você sabe que não é ali que gostaria de estar, mas tá quentinho, seguro e, ainda que você acredite que lá fora tem coisa melhor, não consegue se mexer.

"E se eu me frustrar? E se eu me der mal? E se eu passar vergonha ou decepcionar as pessoas?"

E é assim, uma dúvida após outra, que o quentinho da zona de conforto te mantém exatamente onde está: na quentinha e confortável... zona de conforto. Essa é uma sofisticada forma de autossabotagem.

Eu também já passei por isso. Mesmo sabendo que é uma armadilha, tem horas em que a gente simplesmente não resiste a se acomodar um pouquinho. Em 2015, eu ganhava cerca de 13 mil reais como repórter. Quem olhasse para mim diria que estava bem na fita. Ganhava um ótimo salário e fazia boas matérias. Mas a verdade é que eu queria muito mais. Sonhava ter um quadro só meu, um reality sobre finanças. Vinha batalhando havia mais de um ano, sem sucesso, mas também não conseguia abrir mão do meu emprego e do meu conforto.

Com a intenção de me mexer e me reinventar, no ano anterior eu tinha montado sozinha o blog poupecomsara. Como não manjava nada de programação, recorri ao Blogspot, uma plataforma gratuita, intuitiva e superbásica. Eu não precisava de um megaportal; só queria um meio de chegar às pessoas – em especial às mulheres com problemas financeiros. "Se este blog servir para mudar a vida de apenas uma pessoa, eu já tô feliz", escrevi no cabeçalho.

Do poupecomsara para o Me Poupe! foi uma longa jornada repleta de dúvidas e incertezas que só começaram a perder força quando decidi parar de esperar e fazer acontecer. Primeiro, veio o blog e logo depois o canal no YouTube – que considero uma plataforma tão democrática que permite a qualquer pessoa ser dona da própria emissora de TV. Em junho de 2015, aproveitando minha experiência televisiva, inaugurei o conceito de entretenimento financeiro por meio de vídeos que usavam uma linguagem muito própria (a minha, hahaha!) para falar sobre dinheiro. Comprei uma câmera semiprofissional de segunda mão, um tripé bem tosco, um computador com um programa simples de edição e fiz o meu primeiro vídeo. Quase tão ruim quanto o meu primeiro link na TV.

Conciliar meu emprego na Record com as novas atribuições do blog e do canal era dureza. Durante a semana, trabalhava sete horas na TV e outras três em casa produzindo conteúdo para o meu projeto. Gravava, editava e publicava os vídeos uma vez por semana, sempre aos domingos, e fazia o mesmo com as postagens no blog. Era bastante cansativo, mas aos poucos comecei a receber mensagens de pessoas que eu nunca tinha visto elogiando meus textos e vídeos e, melhor, agradecendo pela mudança que a minha mensagem estava produzindo na vida delas. Era só disso que eu precisava. No início, era uma mensagem por semana, depois uma por dia, hoje são cerca de 10 mil mensagens por mês.

Quando comecei, eu fazia tudo, de ajustar a câmera antes de me posicionar diante dela até subir o conteúdo. Para produzir vídeos cada vez melhores, passei a acompanhar dezenas de youtubers, avaliando o que faziam com excelência e me inspirando no que tinham de mais interessante. Entendi que alguns conceitos eram fundamentais para um canal dar certo – periodicidade talvez fosse o principal. Isso exigia dedicação. E eu era, quer dizer, sou (ainda não morri, né, gente?) dedicada.

Preciso admitir que só consegui ser eu mesma diante da câmera porque não havia ninguém atrás dela. Como eu gravava sozinha, não havia ninguém para julgar meus gritos, palhaçadas, caretas e afins. Com o tempo, passei a sentir um prazer inenarrável em me colocar à prova a cada novo vídeo e sambar fora da minha zona de conforto. Nos corredores da Record, os comentários eram sempre divididos:

"Caramba, que trabalho legal que você tá fazendo! Que coragem, hein?"

ou

"Olha a youtuber aí... hahahaha! Por que você tá fazendo isso?"

A essa altura eu já era profissional nos 4 Fs da Riqueza. Lidar com esses comentários irônicos foi fácil e até mesmo divertido.

Para que o blog e o canal ganhassem relevância, fui atrás de parceiros que pudessem se interessar pelo meu conteúdo. Acabei me aproximando do Dinheirama, um dos mais tradicionais sites de finanças do país, e comecei a colaborar com a equipe e a escrever textos para uma corretora de valores. Enquanto isso, meu canal ganhava mais inscritos e crescia na base do boca a boca, o que chamou a atenção de outra corretora. Durante um tempo, essa corretora me cortejou e fui convidada pelo gerente de marketing a ajudá-los na produção de conteúdo para o canal do YouTube deles.

Mais uma vez meu lado cara de pau entrou em ação. "Posso ajudá-los a estruturar o conteúdo e a grade do canal e, se quiserem, também posso treinar sua equipe para aparecer em frente às câmeras e falar com naturalidade", propus. Foi assim que me tornei consultora de conteúdo financeiro para empresas.

Ao longo desse trabalho, o gerente de marketing da corretora conheceu melhor o Me Poupe! e veio me dizer que o canal era o que existia de melhor em termos de linguagem sobre finanças: "Simples, didático e divertido." Palavras dele. Imagina como eu fiquei! Sentindo o cheiro da oportunidade, liguei e perguntei:

"Se eu fizer uma proposta de patrocínio, vocês gostariam de avaliar a possibilidade?"

Toparam na hora.

Eu nunca tinha redigido uma proposta comercial na vida, mas os anos de reportagem me ajudaram a preparar um bom enredo. Fiz e mandei. "O 'não' eu já tenho", pensei.

Resultado: fechamos um contrato de patrocínio de um ano, em que eu recebia por mês o mesmo valor que ganhava como repórter. Eu tinha exatos 365 dias para fazer o Me Poupe! crescer, aparecer e não depender apenas de um único anunciante.

Eu, que até então estava na minha zona de conforto, pedi as contas na Record.

Mais uma vez, a coragem veio na garupa do planejamento e da estabilidade financeira. Quando eu me demiti, tinha uma reserva suficiente para me sustentar por dois anos. Ou seja: se tudo desse errado, eu teria dois anos para sacudir a poeira e me reerguer. Lembro-me até hoje de uma frase que escutei quando estava prestes a sair.

Eu estava dentro de uma das cabines do banheiro feminino da empresa e reconheci a voz de uma apresentadora comentando sobre a minha "ousadia":

"Eu fiquei sabendo! Ela tá saindo, né? Coitada... Internet não dá dinheiro!"

Ela tinha razão. Internet não dá dinheiro. Medicina não dá dinheiro. Ter o próprio negócio não dá dinheiro... se você não for competente e determinada.

Outro diálogo do meu último dia como funcionária também foi muito simbólico para mim.

A gerente de RH, ao ver que minha carteira de trabalho estava toda preenchida, recomendou:

– É melhor você mandar fazer uma nova, porque essa já está cheia...

Eu sabia que aquela seria a minha primeira e última carteira de trabalho e, metida que só, respondi:

– De hoje em diante eu só assino a carteira dos outros.

Passo 9. Assuma a responsabilidade e permita-se errar.

"OK, EU JÁ ENTENDI como você saiu da sua zona de conforto, deusa soberana da ousadia. Mas como é que eu saio da minha?"

O primeiro passo para sair da zona de conforto é reconhecer que se está nela.

Como fazer isso? Simples. Vou listar algumas afirmações. Pegue uma caneta e coloque a letra S (para sim) ou a letra N (para não) ao lado de cada uma delas. Vamos lá?

1. Sinto que poderia estar fazendo mais por mim. (___)
2. Já pensei em pedir demissão algumas vezes. (___)
3. Sinto uma grande frustração em meu atual emprego / trabalho. (___)
4. Admiro as pessoas que mergulham de cabeça em uma nova empreitada, mas não tenho coragem de fazer o mesmo. (___)
5. Quero mudar, mas não sei por onde começar. (___)
6. Gostaria de ter mais dinheiro para realizar meus sonhos, mas nem sei quais são os meus sonhos de verdade. (___)

Se respondeu sim a pelo menos uma dessas afirmações, agora é para valer: você está sofrendo de zonadeconfortite, um mal que, somado à dinheirofobia, provoca um efeito devastador nas suas finanças pessoais.

Esse mal também é conhecido como estagnação múltipla de contas. Você sabe que sua vida financeira está péssima, mas não vê como sair dessa situação e aí começa a culpar o governo, a vizinha, a autora deste livro...

Mas isso tem cura. Dói, exige muito do paciente, mas com o remédio correto a sua vida financeira pode se recuperar.

Cada um de nós é responsável pelas próprias escolhas. O que não percebemos muitas vezes é que, ao não tomar uma atitude e permanecer na mesma situação, também estamos fazendo uma escolha. Não escolher mudar é fazer uma escolha pela vida financeira que você tem hoje. Às vezes simplesmente escolhemos o caminho errado. O importante é saber aonde queremos chegar. Foco, lembra? Sem ter clareza sobre isso, sair da zona de conforto será uma utopia.

Pegue a frase a seguir e leve sempre com você. Tatue, se possível:

Pessoas ricas de verdade constroem o próprio destino.

Elas não esperam que o tempo solucione seus problemas. Não colocam nas costas da vida a responsabilidade de dar um jeitinho nos erros que cometeram no passado. Elas se responsabilizam, reajustam o foco, elaboram um novo plano e o executam da melhor maneira possível, com a plena convicção de que pode dar tudo errado novamente. Como eu sei disso? Analisando a história e o perfil de dezenas de pessoas com as quais convivi nos últimos dez anos. Empresários, atletas, vendedores, coaches, youtubers, atores... Existe algo em comum entre as pessoas que "dão certo": todas, sem exceção, são persistentes ao extremo no que se propuseram fazer.

E aí você pode me perguntar: "Mas, Nathalia, já faz dez anos que eu tô tentando dar certo aqui nesta empresa e nada! E aí?"

E eu te respondo com outras perguntas: onde está o foco da sua persistência? Está em algo que realmente você se propôs fazer ou apenas em executar bem as tarefas que um superior determina? Quem está no comando das suas escolhas?

Viu como dói? Ainda bem que eu avisei.

Na vida, nem sempre os resultados são aqueles que esperamos. Eu também já quebrei a cara, mas vale a pena se arriscar a sair da zona de conforto.

Para você que também quer tomar esse caminho sem volta, montei um passo a passo bem simples. Coragem!

1. Cuide do seu planejamento financeiro e monte uma reserva de, no mínimo, um ano. Diferentemente da reserva de emergência comum,

que deve cobrir seis meses do seu custo de vida, a reserva para a "virada" precisa ser maior para garantir estabilidade não apenas financeira, mas também emocional ao processo. Saber que o dinheiro está lá caso tudo dê errado alivia o cagaço que é uma beleza.

2. Tenha um plano engatilhado. Você não precisa sair do seu emprego atual para se dedicar ao novo projeto. Imagine esse momento de transição como atravessar um pequeno riacho: você pode deitar apenas um tronco entre as margens e atravessar, correndo o risco de cair, ou pode colocar dois troncos e apoiar um pé em cada um, reduzindo bastante as chances de queda. No meu caso, eu havia conseguido um patrocinador que me pagaria, por mês, durante um ano, praticamente o mesmo que eu recebia na TV. Eu tinha, então, um ano para fazer o meu plano dar certo. E deu.
3. Não dê ouvidos aos pessimistas; eles não sabem do que você é capaz. As pessoas são cheias de opinião. Vão falar que você perdeu o juízo, que você está doido, que você está com um problema e por aí vai. Poucos vão apoiar sua decisão. Eu tive a sorte de contar com amigos e familiares que apoiaram as minhas decisões. Isso torna tudo mais fácil porque quanto mais você acreditar em si mesmo, melhor. Se ninguém acredita, é sinal de que você está andando com as pessoas erradas.

Você já está no nono passo do tratamento contra a dinheirofobia. Já entendeu como se faz. Aprendeu quase tudo o que tinha que aprender (só falta mais um passo). Então, pegue essa bagagem e aproveite essa vida para enriquecer. Não me venha com "Eu não posso, não tenho, não consigo, não sou". Aprendi com um dos maiores coaches do mundo, o consultor e escritor Brian Tracy, que **você é o que você pensa e diz sobre si mesmo(a) a maior parte do tempo.**

Como você pode se tornar uma pessoa bem-sucedida se a todo instante repete "Isso não é para mim, nunca vou conseguir, quem dera se um dia..."?

Exercício urgente: substitua todo e qualquer pensamento pessimista ou negativo por intenções reais.

Troque o "Isso não é para mim" por "Estou trabalhando para". É óbvio que você ainda não tem tudo o que quer, assim como eu também não. Mas você jamais me ouvirá dizer que nunca terei algo que quero. Afinal de contas, é uma questão de tempo e disciplina, como tudo o que desejamos na vida.

"Mas e se eu não conseguir fazer isso agora? Estarei fadado(a) ao fracasso eterno?"

Claro que não!

É bem provável que você comece errando. Ninguém toma a melhor decisão de investimento na primeira vez (sou a prova viva). Ninguém pede aumento ao chefe do jeito certo na primeira vez. Ninguém tem a melhor DR com o parceiro na primeira vez. É o treino que leva a gente a fazer cada vez melhor.

A responsabilidade é sua e de mais ninguém.

Agora que você já está superconfortável com a ideia de sair da zona de conforto, preste atenção.

Começou a ficar gostoso e quentinho? Parta para o próximo desconforto. Curtiu a ideia de planejar? Então pegue o papel e planeje. Coloque lá as suas metas e defina uma estratégia. Acostumou-se com a ideia daquele planejamento? Então execute.

Ninguém disse que é fácil sair da zona de conforto. É necessário ter muita determinação para colocar o pé para fora e continuar a caminhada. Pode ser que você precise de uma operação-resgate de autoestima e autoconhecimento. Para ajudar você a avaliar sua situação, listei alguns dos comportamentos que costumam puxar a gente para trás.

(Atenção: identificar os sintomas a seguir e usar os remédios propostos aumenta em quatro vezes as chances de ter uma vida mais próspera e livre de problemas financeiros. De nada.)

1. Fechar os olhos para a realidade.

Minha avó já dizia que o pior cego é aquele que não quer ver. Não quer ver o extrato da conta bancária; não quer ver o tempo que perde nas redes sociais, quando poderia estar produzindo, amando, correndo, ganhando dinheiro, lendo e outros gerúndios maravilhosos; não quer ver os próprios talentos; não quer prestar atenção nas prioridades. Essa cegueira imaginária é a atitude que impede um monte de gente de ver a vida com outros olhos: os olhos da realidade. Da vida como ela é.

Agora vamos aplicar esse triste raciocínio ao dinheiro. Os amigos podem alertar, a família pode mostrar que a situação está preocupante, a mulher/o marido pode dizer que o dinheiro não está dando para pagar as contas. E mesmo assim a pessoa não enxerga a realidade, continua comprando o que não precisa, convencendo a si mesma de que não pode passar sem aquilo e dane-se o que os outros falam. Ela não percebe, mas está se autossabotando.

E aí?

Remédio da Nath: Abra os olhos! Tire seu extrato, marque uma conversa com o Sidinelson, avalie o cenário geral e pense em uma estratégia para sair do buraco. Peça socorro aos amigos, se inscreva no canal Me Poupe!, revisite suas metas, relembre os sonhos que você tinha. Mas, por favor, por você mesmo, pare de fugir da realidade.

2. Achar que a culpa sempre é dos outros.

Não deu para viajar no fim do ano? Culpa do dólar, que disparou. Não deu para comprar o carro que você tanto queria? Culpa da inflação, que elevou os preços. Não deu para emagrecer? Culpa da atriz linda que você viu de biquíni na internet e que te fez pensar: "Nossa, nunca vou ter esse corpo, deixa como está." Não deu para conquistar aquela promoção? Culpa do chefe, que favoreceu o colega da mesa ao lado.

O mundo está lotado de pessoas que vivem buscando um culpado para as próprias frustrações, sem jamais admitir que o problema pode estar nelas mesmas. Que pena! Essas pessoas perdem oportunidades incríveis de aprender com os próprios erros e pensar em novas maneiras de conquistar seus objetivos. Se você não consegue enxergar que a viagem não rolou porque você não poupou; que não trocou o carro porque não se planejou; que não emagreceu porque não quis mudar a alimentação nem fazer exercícios e que não foi promovido porque não correu atrás... desculpa aí, mas você está se sabotando.

Remédio da Nath: Se você quer ter dinheiro (ou atingir qualquer outra meta), seja responsável por isso. Se quer que seu dinheiro se multiplique, pare de gastá-lo à toa. E, se a ideia é que ele ajude você, pare de maltratá-lo. Hoje. Agora. Lembre-se: quanto mais fugimos de nossa responsabilidade, mais distantes ficam os planos que elaboramos para a nossa vida.

3. Dar o passo maior do que a perna.

Quem curtiu as músicas da década de 1990, como eu, vai se lembrar de uma musiquinha-chiclete chamada "Step by Step" (o refrão era "Uh, baby! Gonna get to you girl!"). Foi o grande hit de uma *boy band* chamada New Kids on the Block, que era uma espécie de One Direction dos dias de hoje. Para mim, esses caras eram filósofos. Se, na época, eu tivesse entendido a lição de vida contida naquela música, talvez até tivesse dançado um pouco mais.

Voltando para os nossos dias, o título dessa música pode ser traduzido como "um passo de cada vez". É isso! Pessoas que tentam pular etapas para chegar mais rápido aonde querem costumam ser as primeiras a ficar pelo caminho. Todo mundo conhece alguém assim.

Sabe aquela pessoa que está desempregada há seis meses, recebe uma oferta de emprego bacana, mas, como não é na empresa dos sonhos dela, recusa a proposta? Ela poderia aceitar aquele trabalho, garantir um salário fixo e se preparar melhor, com novas habilidades e experiências, para se aproximar do objetivo final, que é a empresa top. Recusar também não seria autossabotagem, desde que tivesse uma meta ou um plano melhor para chegar aonde quer. Mas não fazer nada não a levará a lugar nenhum.

Outro exemplo é o da pessoa que sonha morar no bairro mais chique e caro da cidade, mas que não está disposta a economizar nem fazer qualquer esforço para realizar essa meta. Ela até poderia comprar um apartamento em um bairro mais popular, com possibilidade de valorização a médio prazo, mas prefere continuar morando de aluguel e reclamando da vida.

Remédio da Nath: A grande cilada dessa atitude sabotadora é que ela faz com que o nosso sonho pareça tão distante, mas tão distante... que poupar para conquistá-lo parece um desperdício de tempo e dinheiro. Mas só parece. No fundo, o passo mais curto e bem planejado é mais difícil de dar justamente porque é possível. Olha como o nosso cérebro pode ser perverso: quando colocamos na cabeça que uma conquista é impossível, nos eximimos de qualquer culpa (quer dizer: tiramos o corpo fora) e aí fica mais fácil continuar com a autossabotagem.

Para inspirar você nesse processo, vou revelar uma das chaves da riqueza: as mentes milionárias assumem a responsabilidade por tudo o que acontece, mesmo quando não são diretamente responsáveis.

Sim, é verdade. Quando uma pessoa com mente milionária é demitida em plena crise, ela não pensa que a culpa é do governo. Ela pensa que poderia ter corrido atrás de capacitação, ter cuidado melhor do seu networking, produzido mais. Afinal, a crise também existe para o cara da mesa ao lado que *não* foi demitido. Por que será, hein?

Eu sei que dói ouvir isso, mas é aquela dor boa, sabe? Da musculação que deixou o seu corpinho mais esculpido. Do erro que deixou você mais perto do próximo acerto.

Quando tiver assumido a responsabilidade pelos seus erros (e pelos seus acertos também, afinal você não chegou até aqui por sorte nem por acaso, mas por mérito próprio), você estará pronto(a) para o nosso próximo e último capítulo.

CAPÍTULO 10

#Gratidão

Muito além da hashtag

Passo 10. Agradeça e comemore todos os dias.

ANTES QUE VOCÊ PENSE "Eba! Comemorar é comigo mesmo!" e comece a gastar o dinheiro que ainda nem começou a ganhar, respire fundo.

O décimo e último passo para se livrar da dinheirofobia não tem nada a ver com sair gastando por aí.

Gratidão é muito mais do que aquela hashtag que você posta no Instagram quando ganha um presente bacana ou quando compartilha uma foto de um lindo pôr do sol. Para ser bem sincera, sinto um leve frio na espinha cada vez que vejo a palavra "gratidão" nas redes sociais.

Agradecer um hambúrguer, uma viagem, um momento com os amigos é fácil. Quero ver sentir gratidão por aquele ex-namorado que te deu o pé na bunda, pelo chefe que te desprezou, pelo vendedor que pegou o seu dinheiro e desapareceu. Parece papo de maluco, mas, se não fosse cada uma dessas experiências, você não estaria aqui lendo este livro. Muito do que sei hoje – e que posso te ensinar – aprendi com os meus tombos. Foram eles que me mostraram que precisaria mudar de atitude quando passasse novamente pela mesma situação.

Depois de tomar um golpe de um vendedor de uma loja de móveis, por exemplo, nunca mais caí na cilada de comprar à vista algo anunciado pela metade do preço sem antes consultar o CNPJ e as indicações de outros clientes sobre o estabelecimento.

Depois de levar um fora na adolescência e chorar por semanas, percebi que era mais forte do que imaginava e que a vida continuaria do mesmo jeito. Eu me tornei uma menina mais poderosa e uma mulher mais decidida e segura graças àquele momento.

E, quanto ao chefe mala, tive vários e vou contar o que aprendi com alguns deles já, já.

"Ah, mas até parece que vou agradecer àquela bruxa da diretora da escola que não ia com a minha cara."

Não, você não precisa agradecer a ela diretamente. Mas pode ter certeza de que ser "perseguido" pela diretora da escola deixou você mais forte, esperto e atento. Talvez aquela perseguição tenha aproximado mais ainda você de seus colegas ou dos seus pais.

Reflita: de quantas pessoas você guarda ressentimento sem considerar que talvez, por outro ponto de vista, elas possam ter feito um bem e tanto ao seu amadurecimento?

Com a nossa vida financeira não é diferente. Cada golpe e cada tombo serve apenas para uma coisa: aprendizado.

E o que devemos fazer quando passamos por situações que nos ensinam? Agradecer e, mais do que isso, colocar em prática o novo aprendizado quando uma situação semelhante se apresentar no nosso caminho.

A gratidão tem sido objeto de estudo no mundo todo e os efeitos positivos provocados por ela já foram comprovados por Robert Emmons, um dos maiores especialistas em Psicologia Positiva, movimento dentro da psicologia que estimula o desenvolvimento de características positivas nas pessoas. Emmons conduz um laboratório na Universidade da Califórnia só para levantar dados científicos sobre a gratidão e acha que os cientistas – inclusive ele mesmo – estão chegando tarde a esse debate, que já é ponto pacífico para as religiões e a filosofia. Para ele, a gratidão "cura, energiza e transforma vidas".

Muita gente confunde essa conversa sobre gratidão com simples autoajuda, mas não é: ser grato pelo que somos e conquistamos e expressar essa gratidão de alguma forma – pode ser escrevendo, por exemplo – desencadeia a liberação da oxitocina, um hormônio que diminui a ansiedade e melhora a sensação de bem-estar físico e emocional.

Ou seja: da próxima vez que estiver com muita raiva e prestes a se afundar num pote de sorvete, agradeça alguma coisa com sinceridade. O efeito será semelhante e você não terá que conviver com o peso na consciência no dia seguinte. Nosso cérebro tem circuitos que são ativados quando sentimos prazer e que associam determinada atividade agradável à nossa sobrevivência. O pote de sorvete é capaz de disparar esse mecanismo, mas aquela gordura toda vai direto para os quadris. Já o prazer que vem da gratidão sincera, esse só faz bem.

Além disso, quando nos sentimos gratos, somos capazes de pensar de maneira mais otimista e proativa, o que também nos torna mais criativos.

É claro que você não vai começar a se sentir grato por tudo de ruim que já te aconteceu da noite para o dia. Sei que é difícil. Sei que tem gente que pensa que, para isso, é preciso fazer transfusão de sangue com uma barata. Mas não precisa.

A única coisa que eu peço é: permita-se descobrir o lado bom de ter vivido coisas ruins. A mágoa pode continuar lá, o rancor também, mas, quando você conseguir perceber que o que não te matou te fortaleceu, aí, sim, terá dado o passo definitivo em direção a uma vida mais próspera, inclusive financeiramente.

O que eu aprendi é que agradecer só me faz bem e é muito melhor do que remoer mágoas, tristezas e aborrecimentos. Vou compartilhar uma listinha bem básica de gratidões que fazem parte da minha história:

- Para começo de conversa, sou profundamente grata aos meus pais, que não fizeram uma poupança para comprar o meu primeiro carro quando eu tivesse 18 anos. Graças a esse "empurrão", eu pude desenvolver todo o meu potencial de pessoa poupadora e, mais tarde, me tornar uma empreendedora que usa todos os "nãos" como catapultas para o sucesso. Hoje, quando alguém me fala "não", eu até agradeço.
- Sou muito grata ao meu primeiro chefe na TV, que fazia questão de me colocar para baixo, ameaçava me mandar embora, dizia que a minha colega era muito melhor do que eu e, ainda por cima, falava que eu jamais seria repórter. Sou grata a ele porque, se não tivesse colocado tantas barreiras, eu não teria me sentido desafiada a ponto de transpor todas elas.
- Sou muito grata a outro chefe que, lá atrás, chamou outro apresentador para pilotar a ideia de reality show que eu tinha sugerido – porque esse apresentador era economista, mais estudado do que eu e faria melhor. Se ele tivesse deixado o comando do projeto comigo, talvez eu não tivesse corrido atrás de conhecimento com tanta garra quanto corri; não teria conhecido tantas pessoas nem descoberto tantas ferramentas e tantos estudos científicos para lidar com finanças pessoais.
- Sou grata a todos os namorados trastes que tive porque com eles aprendi que é fundamental escolher muito bem com quem a gente compartilha a vida.
- Sou grata a cada pessoa que assiste aos meus vídeos ou lê meu blog e tira um tempo de sua vida para me escrever e dizer que eu a ajudei a pensar diferente. Que melhorou de vida por causa do que eu disse. Esse feedback instantâneo é melhor do que dinheiro! É um alimento

para a alma e torna meu trabalho cada dia mais viciante – um sentimento que tem explicação na ciência: deve ativar de um jeito radical os meus sistemas cerebrais de recompensa, porque eu só consigo pensar que o Me Poupe! é o meu caminho de realização na vida.

Sentir gratidão por quem nos ajudou é fácil. Mas, como você percebeu, eu defendo também que sejamos gratos a quem puxa o nosso tapete, porque o tombo educa, ensina e impulsiona (se você deixar, claro).

Defendo a teoria de que nem sempre quem te põe na merda é seu inimigo; da mesma forma, nem sempre quem te tira dela é seu amigo. Tem uma fábula que eu adoro contar e que trata exatamente disso:

> Um dia, um passarinho, cansado de voar, pousou e ficou quietinho no chão, meio estatelado. Uma vaca se aproximou e perguntou o que tinha acontecido. "Estou cansado e com frio", respondeu o pássaro. Pelo menos uma parte do problema a vaca tinha condições de resolver. Então virou de costas e fez cocô sobre a ave. O passarinho ficou preso em meio à merda, mas logo percebeu que o frio tinha passado: estava quentinho ali... Passado um tempo, apareceu um gato, e o passarinho, aflito por estar preso, se encheu de esperança. "Será que você pode me tirar daqui?", quis saber. "Claro", respondeu o bichano, que (óbvio) comeu o passarinho.

Claro que acontecem coisas terríveis na vida de todos nós. Mas estou convencida de que muitos dos eventos que parecem ruins à primeira vista têm um lado positivo. Eles frequentemente nos oferecem uma lição e uma possibilidade de evoluir; só depende de nós querer enxergar o outro lado.

Sempre haverá uma justificativa para todos os nossos fracassos – e as justificativas são a grande muleta da vida das pessoas. Enquanto não assumirmos a responsabilidade pelos nossos fracassos, não conseguiremos curar nossa vida financeira. Volto a falar sobre esse assunto, que foi a nossa conversa no capítulo anterior, porque acredito que esse olhar para o que acontece no dia a dia caminha lado a lado com a necessidade de se sentir grato.

Para mim, a gratidão é uma espécie de spray, algo que se espalha rapidamente pelo ar. Uma epidemia do bem. É algo muito bom de sentir, então quem realmente é capaz de agradecer por cada experiência deseja que os outros vivam isso também. Acaba virando uma espécie de círculo virtuoso. Acredito que é assim que a gente muda a nossa família, a nossa cidade, o nosso país, o mundo.

É por isso que eu agradeço todos os dias. Agradeço e comemoro. Saboreio cada pequena vitória com alegria. Agradeço até quando termina uma parceria com um patrocinador porque, do fundo do coração, sinto gratidão pela confiança que ele depositou no meu trabalho durante aquele tempo. Agradeço quando começa uma nova parceria porque, da mesma forma, ela é baseada em confiança e admiração. Agradeço quando consulto os extratos das minhas aplicações e constato que o meu primeiro milhão, conquistado em agosto de 2017, está crescendo todo dia, alimentado pelo fermento dos meus estudos, da minha busca por informações e da minha tenacidade em poupar.

Porém eu nunca esqueço por que poupo.

Não poupo para acumular um monte de dinheiro. Poupo porque tenho metas e propósitos. E essas metas e propósitos têm a ver com pessoas e com experiências, porque, afinal, viver não é correr atrás de dinheiro. A vida vale pelas experiências que o dinheiro nos proporciona, pelos encontros que temos pelo caminho e pela alegria de estarmos vivos todos os dias.

Agradeço a você por ter dedicado seu tempo, o bem mais precioso que temos, à leitura deste livro. Se de alguma forma esses 10 passos contribuíram positivamente para a sua vida financeira, passe essas ideias adiante. Dê o livro de presente ou empreste o seu (sabendo que você corre o risco de nunca mais tê-lo de volta). Esse gesto simples pode despertar a gratidão e mudar a vida de alguém.

Obrigada!